だいじょうぶレシピ
料理はこれだけ覚えておけばいい

今井真実

はじめに

先日、幼稚園で講演会をした後、保護者の方々のご質問にお答えする時間がありました。そこにはさまざまな悩みがあり、おひとりおひとり切実なものでした。私もひとりきりで食事の準備をしていると、時に不安になることがあります。これだけでいいのかな、もう一品作ったほうがいいのかな、と迷うこともしょっちゅう。そもそもごはん作りって、何が正解かわかりません。

それに、ご家族のいる人なら、せっかく一生懸命作ったのに残されたり、喜ばれなかったり、毎日思ったとおりに進まないこともあるでしょう。忙しい日々の中、食事を準備することは決して簡単なことではありません。

以前、こんなご相談もいただきました。

「私は、料理するときにレシピを見ながら材料や調味料をすべて計量して、それぞれをボウルに入れるから、作り終えたときはキッチンの洗いものがすごいことになるんです」

その悩みを聞いたときに、私はその部分まで考えてレシピを作ることができていただろうか、と自問しました。調理がラクなだけではなく、いろいろな側面からハードルを下げたい。数回作ったら覚えてしまえるように明快で、これなら「だいじょうぶ」と読んだ人がわくわくする本が作りたい。いつからか、そう考えるようになりました。

忙しい毎日の料理にフィットするのはシンプルな素材と調理法です。おいしいレシピを紹介するだけではなく、材料の買い出しも、栄養面も、さらに後片付けも。そこまでカバーしているレシピこそ、日々の相棒になるのではと思ったのです。

そこで、この本ではなるべく調味料の種類が少ないレシピを提案しました。たとえば、味つけの基本となる塩分。適切な量の塩を料理に使えば、味はバシッと決まります。たとえ、お肉と野菜1種類ずつの少ない素材でもごちそうおかずができ上がります。

塩だけで味つけする焼き方やゆで方を覚えれば、もうだいじょうぶ。困ったときの野菜炒めより、ずっと気軽です。

そしてレシピの野菜を替えてもいいんです。それでもおいしくでき上がるように、基本的な調理法を丁寧に書きました。あとは自己流でどうぞ。コツとメソッドを手に入れたら、あなたはもう迷うことはありません。レシピとにらめっこせずに自分だけの料理が作れるようになります。回を重ねるごとに「きっとうまくいく」、「今日もおいしいごはんが作れる」とご自身で思えるはず。

「私には、この本はもう必要ない」

いつかあなたにそう思ってもらえることが、私の喜びです。

今井真実

目次

6 身近な食材でお助けレシピ

［本書の決まり］
・大さじ１は15㎖、小さじ１は５㎖、１合は180㎖、１カップは200㎖です。
・皮をむく、ヘタを取るなどの基本的な下ごしらえの記載は省略しています。
・レシピに記載している加熱時間は目安です。お使いの調理器具や環境によって変わりますので、様子をみて調整してください。

ふだんのごはんは「塩ソテー」と「塩ゆで」があればだいじょうぶ！

本書で紹介する「塩ソテー」と「塩ゆで」は
忙しくても、毎日おいしい料理を作りたい人に
私がおすすめしたい究極のメインディッシュ。
調味料はほぼ塩だけ。
素材を焼くかゆでるかのシンプル調理なので、
手間も時間もかかりません。
作りやすいだけでなく、野菜もたっぷり。
味つけも控えめなので
体もととのう、といいことずくめ。
毎日のごはんって、
これくらいで十分だと思うのです。

基本の献立

●主菜

塩ソテー または 塩ゆで

p.10 ～

＋

●ごはんもの

野菜ひとつで炊き込みごはん

p.52 ～

＋

●汁もの

お湯を注ぐだけのみそ汁

p.58 ～

毎日のごはん、食材や調味料をあれこれ組み合わせて、昨日とは違う味つけにしなきゃと考えるのは大変。そんな悩みから解放されるのが本書のレシピです。味つけはごくシンプルにして、野菜で変化をつける。ごはんを炊くときに野菜を一緒に入れて炊き、栄養バランスをとる。地味に手間のかかるみそ汁も、冷凍みそ汁の素があればお湯を注ぐだけ。これを基本の献立にすると、手間なくおいしいごはんが食べられます。

くたくたに疲れて“今日はラクしたい”日

自由な鍋料理

p.60 ～

主菜とごはんとみそ汁の３品も作る気力がない……。そんな日は、家族全員でつつける鍋ものがおすすめ。基本の「塩鍋」のベースは、水と塩と酒だけ。分量もわかりやすいので、一度作ったら覚えられるほどです。具はお好きな肉と野菜でもＯＫ。材料を切れば、あとは食卓で完成させればよく、洗いものも減らせます。

もう一品欲しいな……と思ったら

身近な食材でお助けレシピ

p.70 ～

少し余力のある日のために、副菜にぴったりな小さなおかずのレシピもご紹介しています。ごはんものなど、朝食や軽食になるレシピもあります。いずれも材料が少なく作り方もシンプルなので、これらも何度か作ったら覚えられるでしょう。たんぱく質が足りないと思ったときにプラスしてみてください。

メインディッシュはしっとりと焼いた鶏むね肉のソテー。くたくたに炒めたパプリカをソースのように絡めた肉のプレートは、粉チーズとタバスコで洋風な味わいに。にんじんごはんは、あっさりしたピラフのようで、彩りもよく、不足しがちな野菜も補えます。お湯を注いだだけのシンプルなみそ汁を添えて。

これだけは覚えておきたい4つのポイント

おいしい料理をなるべく簡単に、そして失敗せずに作りたい……。
それはだれもが思っていること。
そのために、料理の原点に立ち返ってみてはいかがでしょうか？
家庭料理が飽きない理由は、
シンプルで自由なところにあります。

1 材料を少なくする

料理を簡単に作る最大の要因は、材料をできるだけ少なくすること。買いものもスムーズですし、下ごしらえもラクチンです。たくさんの材料や調味料を使う料理は、足りない材料をわざわざ買いに行ったり、その都度レシピを確認して計量して作らなければならなかったりと、手間や時間がかかります。シンプルな料理のおいしさを見直してみましょう。料理のおいしさを決めるのは、実は「塩味」にこそあります。塩だけで味つけされた料理は、素材の味をしっかり感じられ、何度食べても飽きないおいしさです。そして、体が弱っているときや元気がないときには、シンプルな料理こそが自分を守ってくれます。

2 塩加減の目安を知る

一般的に「おいしい」と感じられる塩加減は1％弱。そのため、食材にふる塩の量の目安を1％にすると失敗がありません。1％といわれてもピンとこないかもしれませんが、たとえばお肉のパッケージに表記されている重量が200gだとしたら2g、300gなら3g。では380gだったら……。その場合は、4g弱にするか、3gにしておいて後で足すとよいでしょう。塩は粒の粗さで重さが違うので、最初のうちは重量をはかってみてください。何度か作って、感覚がつかめるようになったら、目分量でもかまいません。また、ふだん使っているスプーンやさじが一杯何gなのかを知っておくと、その都度、スケールを出さなくても作れます。

3 同じ道具で何度も作る

レシピどおりに作ってもうまくできなかったという経験はありませんか？　意外と知られていませんが、使う鍋やフライパンによって油の適量や火の通る時間が変わってくるので、料理の仕上がりにも影響します。逆にいうと、同じ鍋やフライパンを使い続けることで、仕上がりにムラが出にくいのです。また、ちょうどよい大きさの鍋やフライパンを使うことも大切。大きすぎても小さすぎてもうまくいきません。本書のレシピは概ね2人分の分量で作りますが、塩ソテーに使うフライパン（コーティングタイプ）は直径26㎝、塩ゆでに使う鍋は直径20㎝（一部、直径20㎝のフライパン）を使っています。できれば、これと近い形状のもので作るのがおすすめです。

4 食べる人が調味する

同じ料理を食べてもしょっぱいと感じる人、味が薄いと感じる人と、塩加減の好みには個人差があります。味をバッチリ決めなければ……と気負わずに、テーブル上で各自が好みで味つけするくらいでよいと思います。本書で紹介する塩ソテーと塩ゆでは、そのままで食べてちょうどよいくらいの塩味がついていますが、調味料をプラスしても濃すぎない塩加減になっています。市販のポン酢やごまだれなどもあると、味の幅が広がりますよ。切ったレモンをキュッと搾ってもよいでしょう。簡単に手作りできるたれもいろいろと紹介しているので、自分好みの組み合わせを発見してみてください。

1 塩ソテー

肉や魚は
塩をふって焼くだけで、
実はとってもおいしい！
材料が少なく、
シンプルで
飽きのこない料理です。
そのときに
味の決め手となるのが
1％の塩加減。
そして、焼き方は
食材や部位によって
少しずつポイントが異なります。
ベストな火入れの仕方を
覚えてしまえば、
絶品の塩ソテーが毎日作れますよ。

鶏もも肉のソテー

カットしたお肉ってとっても便利。
から揚げ用の鶏肉を使うと、切る手間もなく、
まな板を慎重に洗う時間も省けます。
豆苗をはさみで切ってしまえば、
実は包丁いらずのレシピです。
200gの肉にちょうどいい塩の量は小さじ1/2弱。
一度作れば、塩の量の目安がわかるでしょう。
ところで1%の塩加減は、
実際は少ししょっぱめの味つけなんです。
それを中和するのが野菜の役割。
野菜と一緒に食べると、ちょうどよい塩加減です。
そして、このレシピの最大のコツは、
皮目をきっちりこんがりするまで焼くこと。
思っている以上に時間がかかりますが、
これこそがうまみの素になります。

材料（2人分）
鶏もも肉（から揚げ用）……200g
塩……2g（鶏肉の重量の1%）=小さじ1/2弱
豆苗……1パック
オリーブオイル……大さじ1
[好みで] レモン（くし形切り）……適量

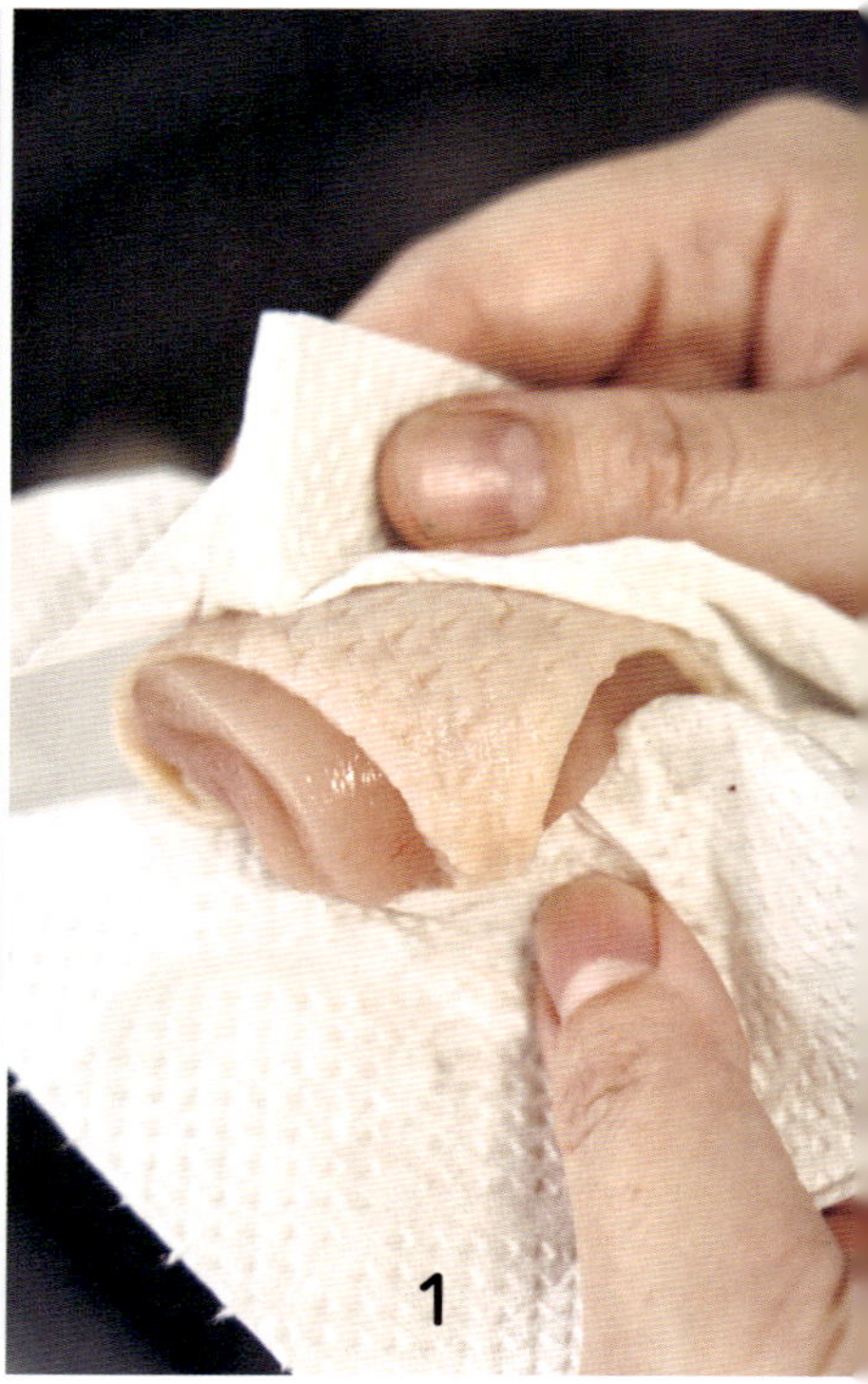

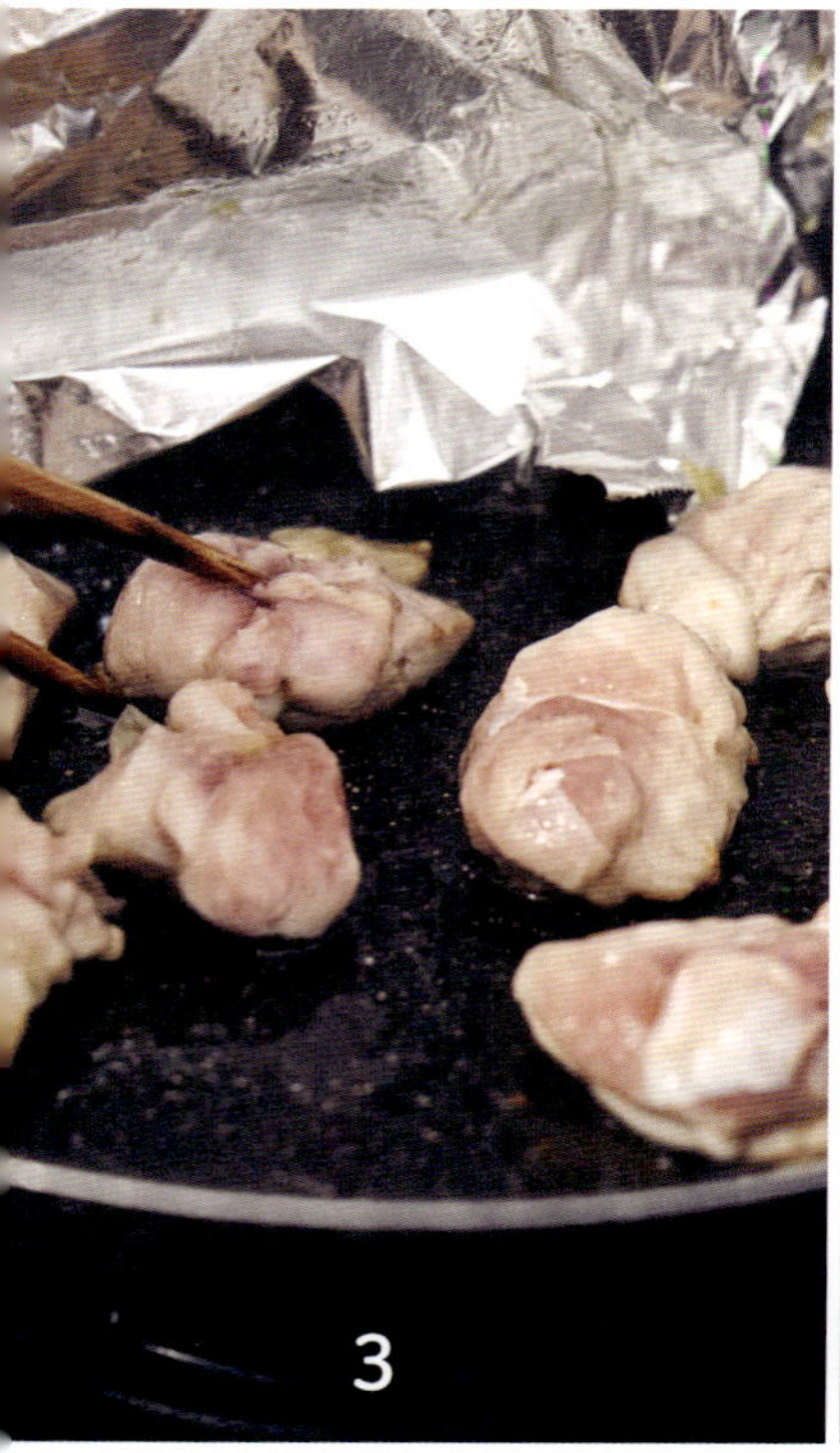

1

鶏肉は冷蔵庫から出して室温に戻しておきます。これは、かたまり肉に共通のポイント。冷たいまま焼くと火の通りが遅くなり、外は焼けても中は生……という状態になりやすいです。さらに、鶏肉の水気をキッチンペーパーで拭きます。水気に臭みが含まれているので、この作業はとても大切。皮が取れないように1個ずつ丁寧に行うこと。豆苗は4㎝長さに切っておきます。

2

冷たいフライパンにオリーブオイルをひき、鶏肉の皮目を下にして並べます。皮をパリッと焼きたいので、皮をしっかり伸ばして入れましょう。ここで塩をふります。塩をふって時間をおくと水分が出てきてしまうので、ジューシーに仕上げたいなら焼く直前にふること。両面にふるため、まずは分量の半分を全体的にパラパラ。サラサラした塩だとまんべんなくふることができます。

3

弱めの中火にかけ、皮がこんがりするまで10分ほど焼きます。鶏肉は脂がはねることがあるので、気になる人はアルミホイルをふんわりかぶせて。蓋をすると蒸し焼きになって皮がパリッと焼けないので、ホイルで蒸気の逃げ道を作ってあげます。

4

皮がこんがりといい色に焼けたら裏返し、残りの塩をふります。皮面はじっくり焼き、反対面はさっと焼くのがポイント。1分ほどたったら側面も焼き、3分ほど焼いたら器に盛ります。

5

4のフライパンに豆苗を入れて中火でさっと炒めます。フライパンに残っている塩があるのでほんのり塩味がつきますが、味見して薄いなと思ったら、ひとつまみ程度を加えてもOKです。

6

豆苗がしんなりしたら、器に盛った鶏肉に添えます。炒めすぎると食感が悪くなるので、シャキシャキ感が残るくらいがベスト。シンプルに塩味だけでもよし、レモンを搾ったり、ポン酢をかけたりしてもよし。各自、好きな味でいただきます。

*豆苗の代わりにきのこ類、せん切りキャベツやレタス、もやしなどの野菜でも。

鶏むね肉のソテー

パプリカをごく薄切りにしてじっくり火を通すと、
うまみたっぷりのソースになります。
鶏むね肉のソテーは、火の通し方にわざあり！です。
躊躇《ちゅうちょ》してしまうほどお肉がピンク色の状態で蓋をして、
火を消して5分ガマンしてください。
余熱でじんわり火が入ります。
万が一、まだ生っぽかった場合は
加熱を少しずつ加えればよいだけなので、心配ご無用。
し～っとり、やわやわなむね肉に感動しますよ。
鶏肉に絡まったパプリカのソースだけでもおいしいですが、
粉チーズとタバスコをかけると、
さらに食が進みます！

材料（2人分）

鶏むね肉 …… 1枚（300g）
塩 …… 3g（鶏肉の重量の1%）＝小さじ1/2強
パプリカ（赤）…… 大1個
にんにく …… 1かけ
オリーブオイル …… 大さじ1
［好みで］
粉チーズ …… 適量
タバスコ …… 適量

1

鶏肉は冷蔵庫から出して室温に戻し、キッチンペーパーで水気を拭きます。鶏肉の皮は手で引っ張って外し、包丁を寝かせて1㎝幅のそぎ切りにします。鶏むね肉は繊維が多く、焼くと縮まってかたくなるので、繊維を断つように切ること。そぎ切りにした1枚が大きければ、さらに半分にそぎ切りにします。

2

鶏肉に塩をまんべんなくふり、まな板の上で軽くもんで全体に行き渡らせます。パプリカは縦半分に切ってヘタと種を取り、繊維に垂直になるように横に薄切りにします。ここはがんばってなるべく薄く切るのがポイント。

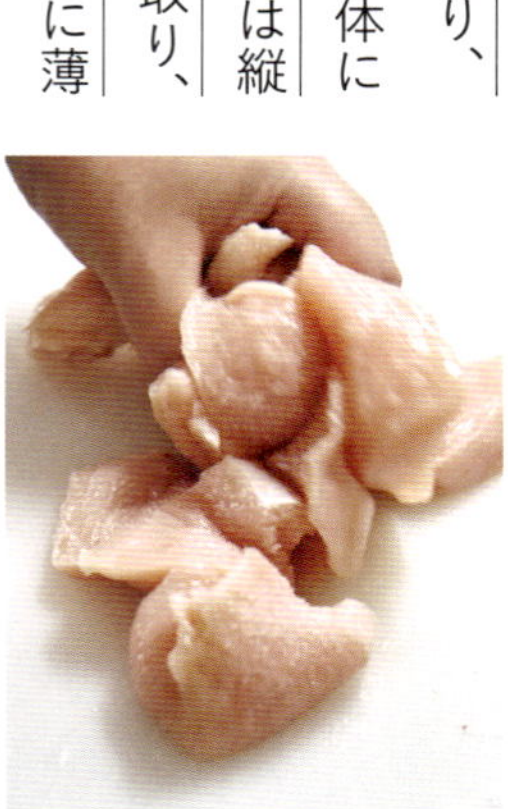

3

フライパンにオリーブオイルをひいてパプリカを入れ、その上ににんにくをすりおろし、塩ひとつまみ（分量外）をふります。ひとつまみとは指3本でつまんだ量で、数値では約1g。味つけは濃くなったら元に戻せませんが、薄い分には足すこ

とができるので、気持ち少なめにすると安心です。

4

パプリカをフライパン全体に広げ、蓋をして中火にかけ、5分ほど蒸し焼きにします。蒸し焼きにすることでしっとり、くったりとしてソースのように。しんなりしたら蓋を開けて全体を混ぜ、パプリカの汁気を飛ばしてから火を止めます。

5

パプリカをフライパンの端に寄せ、鶏肉を並べます。弱火にかけ、うっすら白くなったら裏返します。ここで焼きすぎないようにしましょう。

6

両面がうっすら白くなったら蓋をして火を止め、そのまま5分ほど蒸らします。このときにピンク色の部分があってもOK。余熱でじんわりと火を入れることで、やわらかな肉質になります。蓋を開け、まだピンク色の部分があったら再び10秒ほど弱火にかけて、同様に蒸らします。パプリカと鶏肉をざっと混ぜて器に盛り、好みで粉チーズとタバスコをかけていただきます。

＊パプリカの代わりに玉ねぎ、長ねぎ、ピーマンの薄切り、ズッキーニの輪切りでも。

豚ロース肉のソテー

豚肉は1cm程度の厚さなら、意外とすぐに火が通ります。
中まで火が通ったかどうかの
目安にしたいのが、脂身の焼き具合。
実は、脂身は肉の部分より火が通りにくいんです。
だから、脂身がこんがりときつね色に焼けていたら
肉にも火が入っている証拠です。
豚の脂はうまみやコクもありますが、くどさもあります。
ここでは豚肉を焼いた後、フライパンに残った脂を
半分ほど拭き取ってからキャベツを入れていますが、
もっとあっさり食べたい場合は、
脂をしっかり拭き取ってから炒めてください。
キャベツをせん切りにするのが大変だったら、
市販のカット野菜を使ってもいいし、
手でちぎってもかまいません。
野菜の切り方による味の違いがわかるはず。

材料（2人分）

豚ロース肉（とんかつ用）……厚さ1cm程度のもの2枚（240g）
塩……2.4g（豚肉の重量の1%）＝小さじ1/2弱
キャベツ……200g
サラダ油……大さじ1
［好みで］
粗びき黒こしょう……少々
粒マスタード……適量

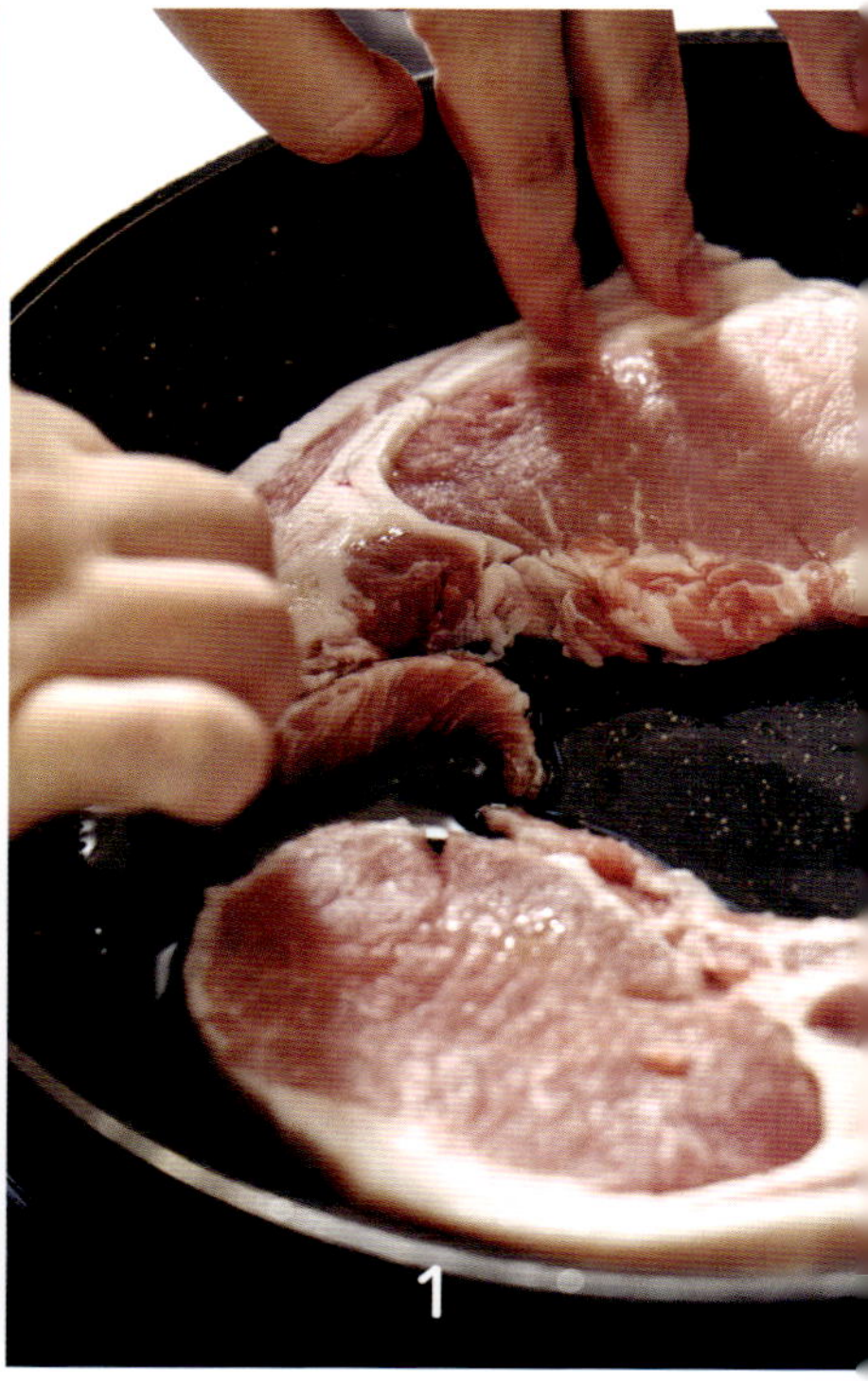

1

豚肉は冷蔵庫から出して室温に戻しておきます。キャベツはせん切りにします。フライパンにサラダ油をひき、豚肉の水気をキッチンペーパーで拭いてから入れます。このときに、フライパンの側面に脂の部分が当たるようにすると、脂身がこんがり焼けます。

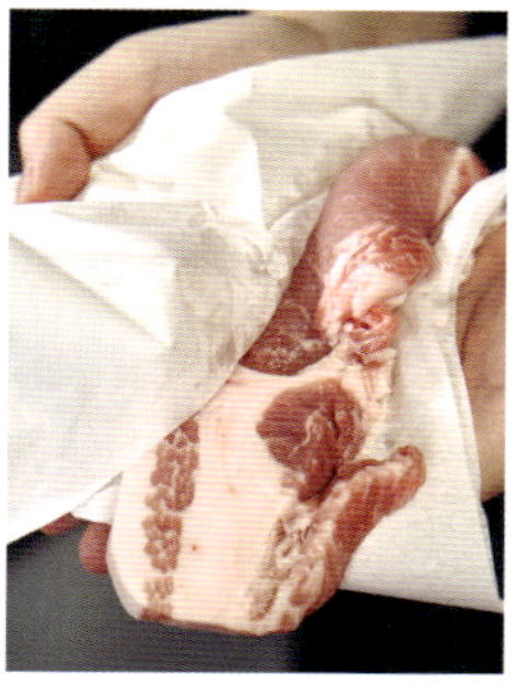

2

中火にかけて3分ほど焼きます。筋が縮んで肉が反ってくるので、ふくらんできた部分の肉と筋の間に菜箸で切り目を入れます。こうすれば、焼く前に筋切りする必要はなし。肉の表面に汁(水分)が出て、うっすらピンク色になったら塩の半分量をふります。

3

塩をふったら裏返します。3分でここまでこんがり焼けていない場合は、火が弱いかもしれません。反対面に残りの塩をふってさらに3分ほど焼き、脂身がこんがりしたら揚げバットに取り出して、肉汁を落ち着かせます。

4

フライパンの油をキッチンペーパーで半分ほど拭き取り、キャベツを入れて塩ひとつまみ（分量外）をふります。好みでカレー粉を少々ふってもおいしいです。ざっと混ぜたら蓋をして2分ほど蒸します。キャベツはシャキシャキに仕上げたいので蒸らしすぎないこと。くったりが好みなら長めにしてください。蓋を開けてさっと混ぜ合わせ、器に盛ります。

5

豚肉をそぎ切りにしてキャベツの横に盛ります。筋を断つように斜めに切ると食べたときのやわらかさが違うのでぜひお試しを。

6

好みで豚肉に黒こしょうをふり、粒マスタードを添えます。もちろんソースやケチャップをかけても。お好きに召し上がってください。

*キャベツの代わりにクレソンや豆苗、細切りにしたレタス、なす、ズッキーニなどでも。

牛ロース肉のソテー

材料（2人分）
牛ロース肉（ステーキ用）
……厚さ2㎝程度のもの1枚（200g）
塩……2g（牛肉の重量の1%）
＝小さじ1/2弱
サラダ油……大さじ1〜2

［付け合わせ］
ベビーリーフ……適量
ぶどう……10個（旬の果物でよい）
モッツァレラチーズ……1個（100g）
オリーブオイル……大さじ1程度

疲れているけれど
おいしいものを食べたいときの定番が、
この、チーズと果物を添えたビーフステーキです。
赤身肉とフレッシュなサラダはよく合います。
ステーキの焼き加減は難しく思われがちですが、
最初に室温に戻すことを心がけて。
ラップをかけないのは表面を乾かして、
焼き目をつけやすくするためです。
切ったときに、レアすぎたなと思った場合は、
焼きしゃぶのように、1枚1枚さっと
フライパンで火を通せば大丈夫。
逆に焼きすぎたときは、
薄くそぎ切りにすればいいのです。
まるでケバブのように！

［**牛肉の選び方について**］なるべく厚いステーキ肉のほうが、表面をしっかり焼いても、中はレアに仕上がりやすいです。スーパーでも、数日前に厚さを指定して注文することができますよ。お買い得の日に買って冷凍しておいても。1日かけて冷蔵庫で解凍するとおいしく召し上がれます。

1

牛肉は水気を拭いてキッチンペーパーの上にのせ、ラップをかけずに20分ほどおいて室温に戻します。表面が乾くことで、焼き色がつきやすくなります。さらに出てきた水分は再度キッチンペーパーで拭き取り、塩を両面にふります。

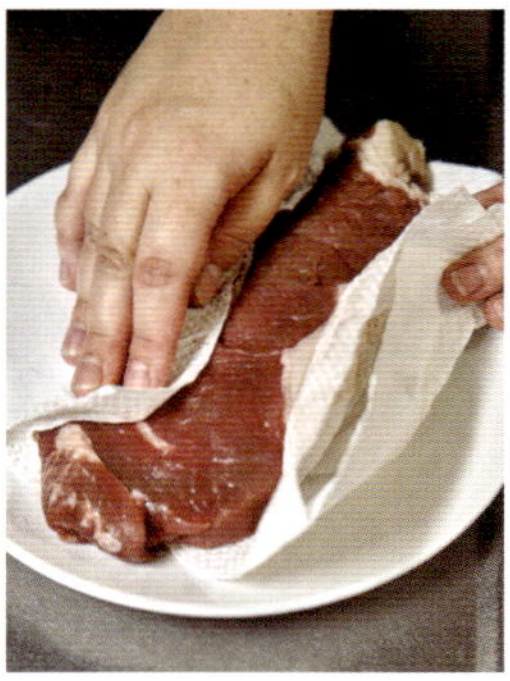

2

フライパンを強めの中火で熱し、サラダ油を入れます。油はまんべんなく行き渡る量を目安にすると、焼き目が均等につきます。肉の脂身が下になるようにトングなどでつかみ、まずは脂身をのせ、焦げ目がつくまで焼きます。

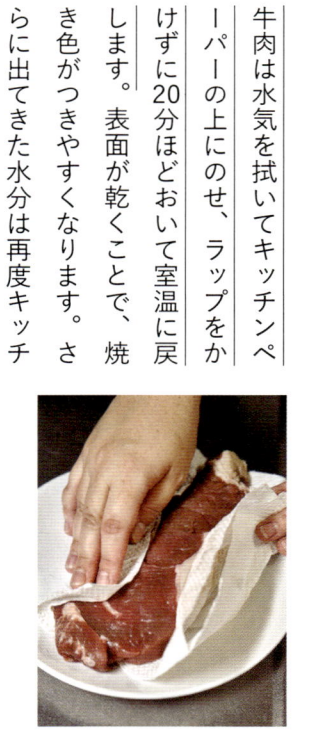

3

脂身がこんがり焼けたら牛肉を倒し、焼き色がつくまで中火で2分ほど焼きます。もし、このとき水分が出ていたら、キッチンペーパーで拭き取りましょう。脂はねが怖かったら、12ページのよう

6

5

4

にアルミホイルをふんわりかぶせても。

4

牛肉を裏返してさらに2分ほど焼きます。2分で焦げ目がつかなければ、火が弱いかもしれません。少し火を強めましょう。両面がこんがり焼けたら揚げバットに取り出し、肉汁を落ち着かせるために5分ほど（焼いた時間と同じくらいが目安）休ませます。

5

牛肉を休ませている間に、ベビーリーフを洗ってパリッとさせ、ぶどうは半分に切ります。器にベビーリーフとぶどうをのせ、モッツァレラチーズを一口大にちぎって盛ります。塩ひとつまみ（分量外）をふり、オリーブオイルを回しかけます。

6

包丁を寝かせて、牛肉を1㎝厚さのそぎ切りにします。繊維を断ち切るので口当たりがやわらかくなります。器に盛り、サラダと一緒にいただきます。

＊ベビーリーフにフレッシュハーブを混ぜても。果物はぶどうの代わりにみかん、柿、りんご、いちご、バナナなど季節のもので作れます。

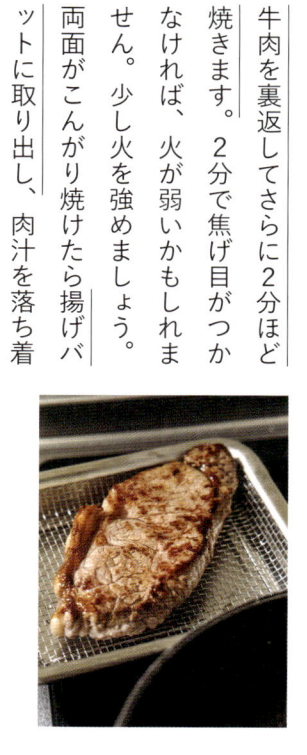

牛もも肉のソテー

牛もも肉はしっとりなめらかな食感で、
ロース肉よりリーズナブルに購入できます。
水分が多いので、焼いているときに水が出てきたら、
ペーパーで拭き取ると、焼き目がつきやすいです。
牛もも肉は、レア気味に仕上げるのが私は好き。
こちらもナイフとフォークで食べるのではなく、
包丁で薄くスライスしたほうが、食べやすくなります。

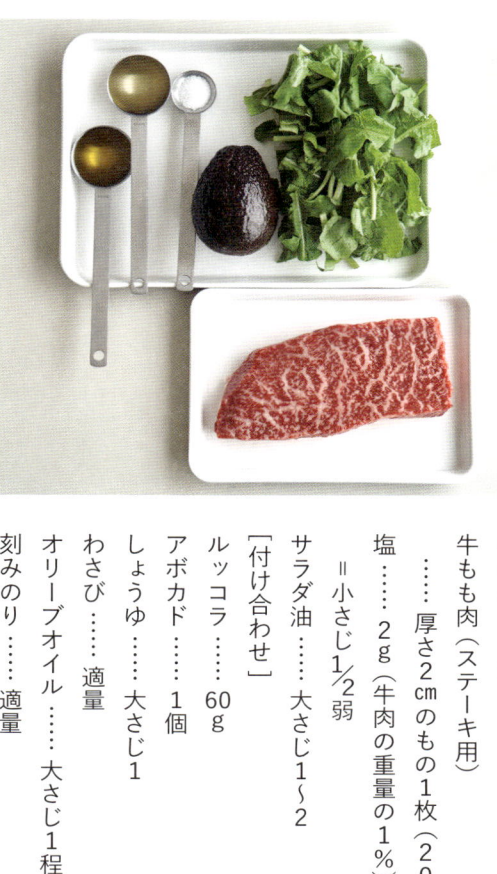

材料（2人分）

牛もも肉（ステーキ用）
……厚さ2cmのもの1枚（200g）

塩……2g（牛肉の重量の1%）
＝小さじ1/2弱

サラダ油……大さじ1〜2

［付け合わせ］

ルッコラ……60g

アボカド……1個

しょうゆ……大さじ1

わさび……適量

オリーブオイル……大さじ1程度

刻みのり……適量

1 牛肉は水気を拭いてキッチンペーパーの上にのせ、室温に戻します。さらに出てきた水分は拭き取り、塩を両面にふります。フライパンを強めの中火で熱し、サラダ油を入れます。ここまでは牛ロース肉（24ページ）と同じです。

2 牛肉を入れ、焼き色がつくまで中火で1分半ほどさっと焼きます。断面を見て、半分くらい色が変わってきたらひっくり返すタイミング（A）。裏返してさらに1分半ほど焼きます。両面に焼き色がついたら揚げバットに取り出し、5分ほど休ませます。

3 ルッコラは洗ってパリッとさせ、5cm長さに切ります。アボカドは2cm角に切って、しょうゆとわさびを絡めます。牛肉は斜めに薄くそぎ切りにします（B）。このとき、なるべく赤身の面が大きくなるように切るのがポイント。器にルッコラ、アボカドと一緒に盛り、オリーブオイルを回しかけ、のりを散らします。

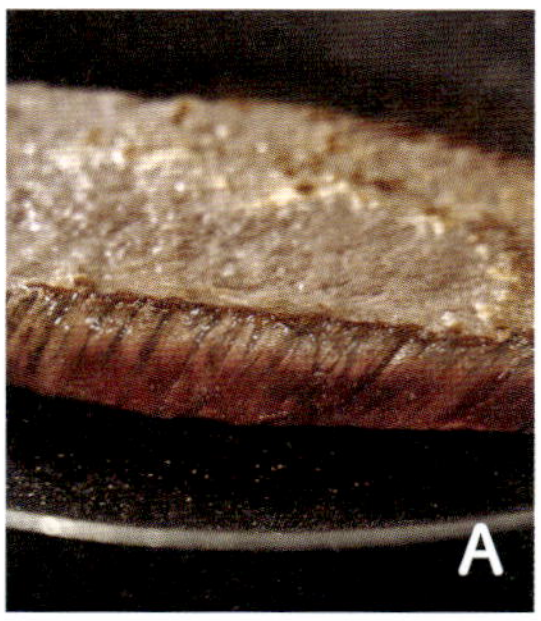

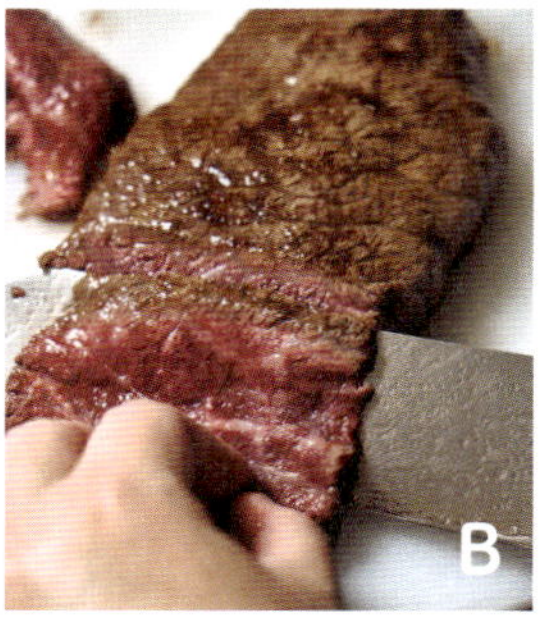

ぶりのソテー

にんにくチップを作っておき、
その香りを移したオイルで、ぶりの表面をさっと焼きます。
私のレシピに「塩鰹」というメニューがありますが、
それのぶりバージョン。
これもまたとってもおいしいです！
にんにくチップはカリッとするまで火を通そうとすると、
あっという間に焦げてしまうので、
まだふにゃふにゃの状態で取り出してしまいましょう。
やわらかなにんにくスライスも
おいしいものです。
さっぱりしたポン酢とよく合いますよ。

材料（2人分）
ぶり（刺身用のさく）……150g
塩……1.5g（ぶりの重量の1％）＝ふたつまみ程度
にんにく……3かけ
オリーブオイル……大さじ2
［たれ］
細ねぎ……2本
ポン酢（市販のもの）……適量

1

細ねぎは小口切りにし、にんにくは薄切りにします。ぶりはキッチンペーパーで水気を拭き、まんべんなく塩をふります。刺身用の魚は肉と違って、中は冷たく仕上げたいので、常温には戻さずに、塩をふってすぐに焼きます。

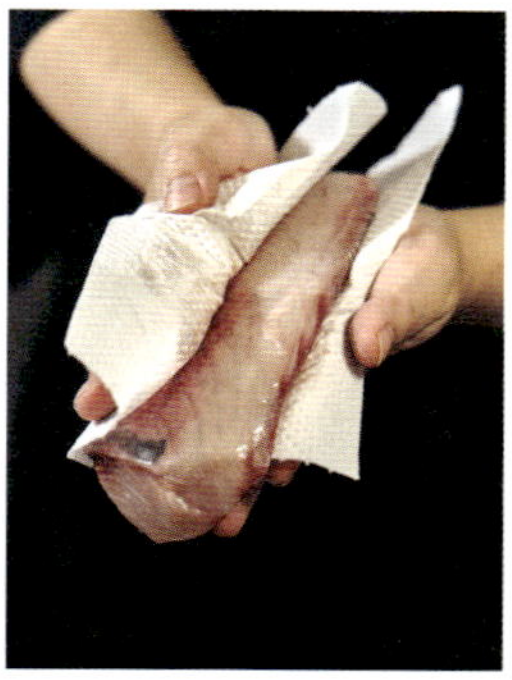

2

オリーブオイルとにんにくをフライパンに入れて弱火にかけます。フライパンを傾けてにんにくが油にひたるように。ふつふつして軽く色づいたら火を止め、にんにくだけキッチンペーパーに取り出します。にんにくは焦げない程度に火を通し、油ににんにくの香りを移します。

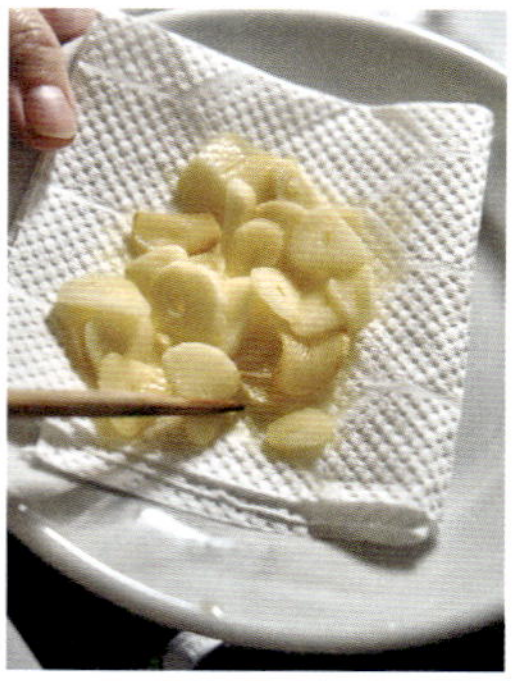

3

2のフライパンを中火にかけてぶりを入れ、全面をそれぞれさっと焼きます。焼き目がつくまでだと火が通りすぎるので、表面が白くなる程度で十分。にんにくオイルでさっと焼くことで魚の臭みがなくなります。

4

ぶりを揚げバットに取り出します。魚の場合は休ませなくても大丈夫ですが、熱いので粗熱が取れるまで少し待ちましょう。早く切ったほうがレア状態を保てます。

5

ぶりを1㎝くらいの厚さに切ります。厚めに切るほうが食べ応えがあっておいしいです。

6

器に盛り、にんにくと細ねぎを散らします。ポン酢をたっぷりかけて完成。にんにくオイルをまとったぶりにさっぱりしたポン酢がよく合い、刺身とは違った味わいです。

＊魚はぶりのほか、かつおやまぐろ、サーモンなど、さまざまな刺身用のさくで作れます。夏場は細かく切ったトマトと玉ねぎのスライスなどと一緒に盛り合わせ、塩とオリーブオイルをかけてもおいしいです。26ページの牛もも肉のソテーのように、葉もの（ルッコラやレタス）とアボカド、のりを合わせても。

2 塩ゆで

塩ソテーとあわせて
おすすめしたいのが、塩ゆで。
ゆでることで
さっぱりといただけます。
塩ゆでのポイントは、
パサつかずに
しっとりゆでられるかどうか。
塩はここでも1%がルール。
ほんのり塩味がつく程度なので、
市販や手作りのたれなどを
好きにかけて食べてください。

ゆで豚こま

豚肉は火をしっかり通さなくてはと、
パサパサになるまでゆでてしまいがちですが、
余熱で火を入れるイメージで調理しましょう。
こま切れ肉のしっとりしたおいしさに驚きます。
肉をゆでる場合も、
水分をキッチンペーパーでしっかり拭き取っておくと
きれいな味に仕上がります。
あくは取っても、取らなくても、あまり気にせずに。
ゆで汁もスープとして召し上がれます。
一緒にゆでたれんこんの甘みが感じられて
おいしいですよ。

材料（2人分）
豚こま切れ肉……200g
れんこん……150g
水……3カップ（600㎖）
塩……6g（水の容量の1%）＝小さじ1程度
［たれ］
練り辛子、しょうゆ……各適量
ごまだれ（市販のもの）……適量
コチュジャン……適量
*たれは好みのものでOK（p.50～51参照）。

1

れんこんはスライサーなどで薄切りにします。鍋に分量の水と塩を入れて中火にかけます。塩ゆでに共通するのは、1%の塩分濃度の湯でゆでること。飲むとややしょっぱいくらいですが、ゆでた食材にはほどよい塩気がつきます。

2

豚肉はキッチンペーパーで水気を拭きます。鍋の湯が沸騰したら火を止めて豚肉を入れ、菜箸でほぐします。沸騰した湯でゆでるとすぐにかたくなってしまいますが、余熱で火を入れると、慌てることもなくしっとりやわらかに。ほぐすうちに徐々に色が白く変わりますが、それでもまだピンク色が残っていたら、再度弱火にかけます。

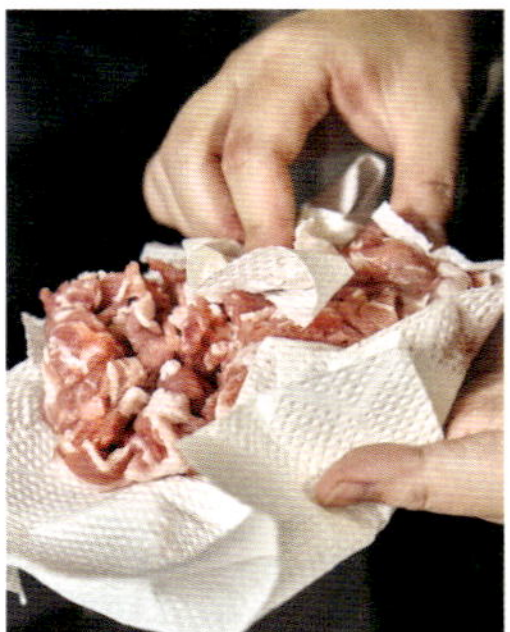

3

豚肉に火が通ったら揚げバットに取り出します。なるべく広げず、重ねてのせましょう。温かい状態が保たれます。

4

鍋を強火にかけて沸騰させ、あくが出てきたら取り除きます。丁寧にあくを取らなくても大丈夫。多少残っていても、味に支障はありません。

5

中火にしてれんこんを入れ、透き通ってくるまで2分ほどさっと火を通します。薄いので火の通りは早いです。れんこんを取り出して豚肉とともに器に盛ります。辛子じょうゆ、ごまだれ、コチュジャンなどを食卓に出して、各々好きな味つけでいただきます。

6

ゆで汁でスープを作ります。水を１００㎖足して火にかけて沸騰させ、再度軽くあくを取ります。しょうゆ小さじ1と細ねぎの小口切り少々（各材料外）を加えます。

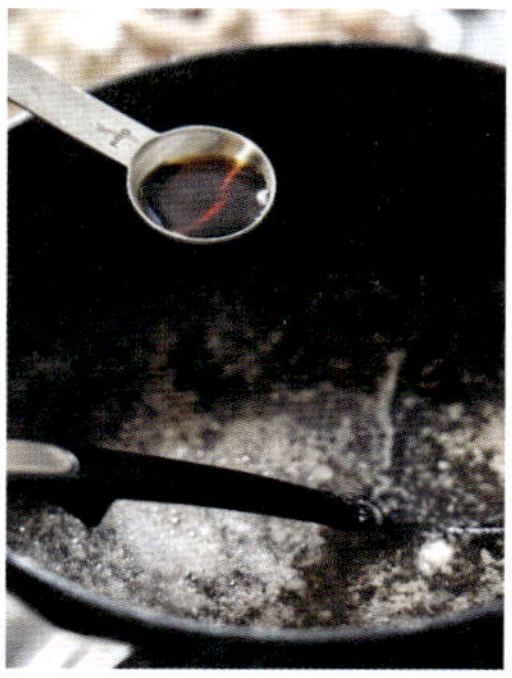

＊れんこんの代わりに、薄い輪切りにしたズッキーニやにんじん、ささがきごぼう、薄切りにした長ねぎや玉ねぎ、ちぎったキャベツ、レタスなどでも。いろいろな野菜で作れます。次にご紹介するゆで鶏ももやゆで牛こまも、さまざまな野菜でお試しください。スープの具も豆腐、わかめ、レタス、トマト、卵などなんでもよいです。

ゆで鶏もも

まるまる1枚の鶏もも肉ではなく、
ゆでる場合も、から揚げ用を使うとラクチン。
キャベツもちぎるので、
包丁を使わなくてもできますが、
かたい軸の部分だけは
薄切りにしたほうがよいかもしれません。
キャベツは分量の倍くらいゆでても、
ペロリと食べられます。
ゆで汁スープも絶品です！

材料（2人分）

鶏もも肉（から揚げ用）……200g
キャベツ……200g
水……3カップ（600㎖）
塩……6g（水の容量の1％）
＝小さじ1程度
［たれ］
はちみつみそだれ（作り方は51ページ）
……適量

＊たれは好みのものでOK。

1 鶏肉は冷蔵庫から出して室温に戻し、キッチンペーパーで水気を拭きます。キャベツは5㎝四方にちぎり、かたい軸の部分は細切りにします。かたさによって切る大きさを変え、火の通り具合を均一にするのがコツ。

2 鍋に水、塩、鶏肉を入れて中火にかけ（A）、沸騰したら弱火にして3分ほどゆでます。鶏肉は火が通るのに時間がかかるため、弱火でゆっくりと火を入れます。

3 2の鍋にキャベツを加え（B）、上下を返しながら5分ほどゆでます。鶏肉と一緒に食べるので、キャベツはくったりとやわらかくなるまで長めにゆでます。

4 鶏肉とキャベツを取り出して器に盛り、はちみつみそだれなど好きなたれでいただきます。

＊ゆで汁は35ページのようにスープにするとよいでしょう。そうめんをそのまま投入してにゅうめんにしても。そうめんは塩気があるので、味が濃くなりすぎないように調整してください。

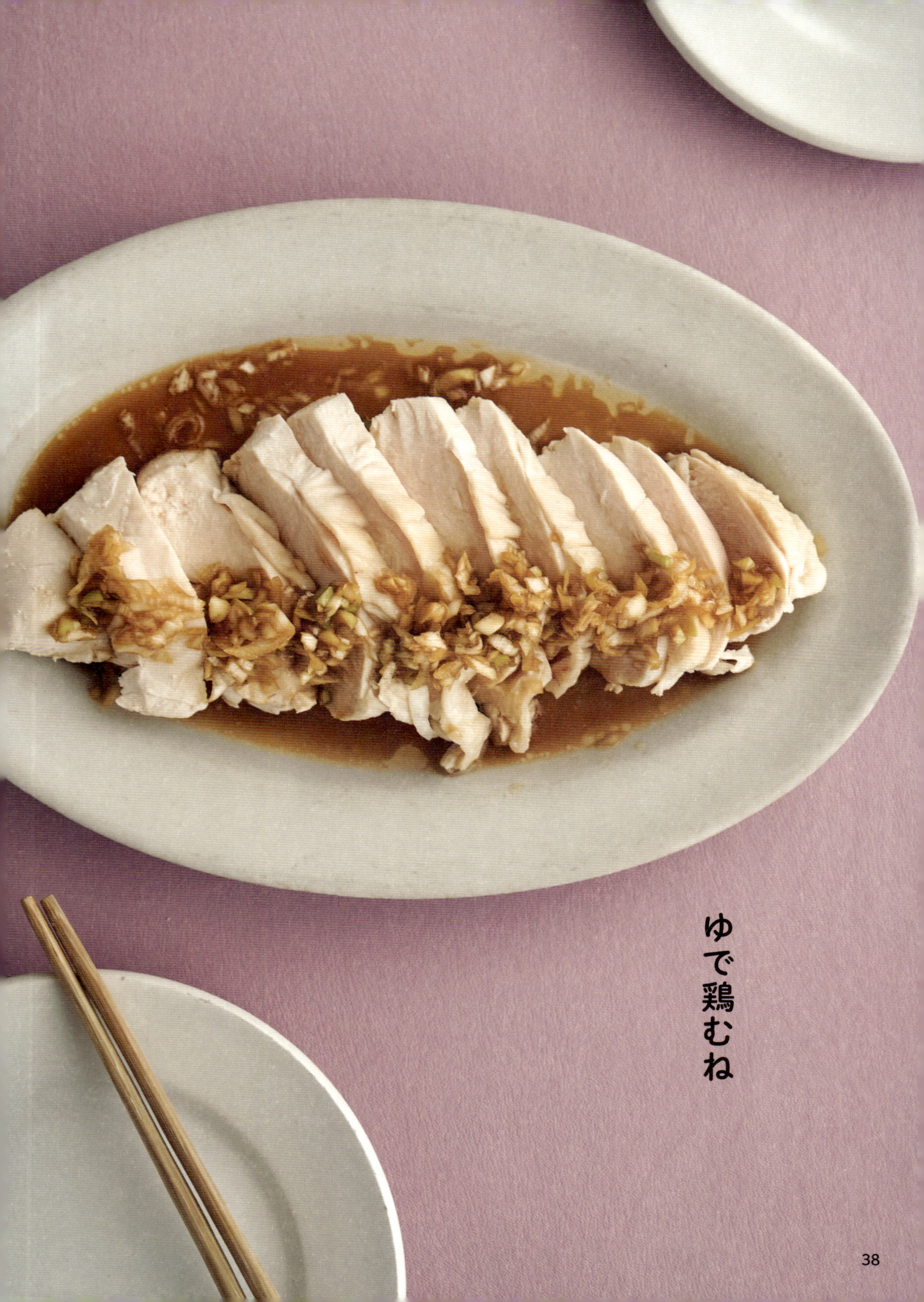

ゆで鶏むね

このメニューの最大のコツは、鶏むね肉を室温に戻しておくこと。触ってひんやりしていなければ大丈夫です。皮の下の部分が、いちばん火が入りにくいので、その部分だけ気をつけましょう。30秒ゆでて30分余熱で放置、と覚えてください。しっとり仕上がったむね肉のやわらかいこと！ゆで汁のスープもとっても美味です。

材料（2人分）

鶏むね肉……1枚（300g）
水……3カップ（600㎖）
塩……6g（水の容量の1%）
＝小さじ1程度

［たれ］
ねぎだれ（作り方は51ページ）……適量
＊たれは好みのものでOK。

1 鶏肉は冷蔵庫から出して、30分〜1時間ほどかけて室温に戻し、キッチンペーパーで水気を拭きます。大きさと厚みがあるので、常温に戻すのにやや時間がかかります。

2 鍋に水と塩、鶏肉の皮目を下にして入れ、弱めの中火にかけます。沸騰したら30秒おき、裏返して（A）蓋をして火を消します。そのままコンロの上に30分ほどおきます。ここが重要なポイント。余熱で火を入れることで、しっとりジューシーにゆで上がります。

3 鶏肉をそぎ切りにして（B）器に盛り、ねぎだれなど好きなたれでいただきます。切ったときに生の部分が残っていたら、温めたゆで汁に入れてしゃぶしゃぶすればOK。

＊もちろんゆで汁もおいしいです。うどんやラーメン、雑炊のだしにしても。

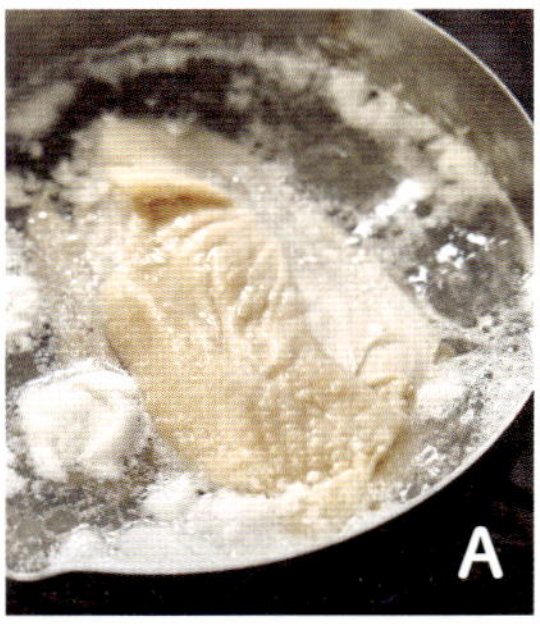
A

B

ゆで牛こま

牛こまも豚こまと同じように、
余熱でさっとゆでてみてください。
牛肉のしゃぶしゃぶがおいしいのだから、
間違いないんです。
火の通りもセンシティブにならなくて大丈夫。
赤みが残った状態で引き上げてしまいましょう。
ゆで汁はきのこと牛肉のうまみがたっぷり。
このスープでうどんにしてもおいしいですよ。

材料（2人分）
牛こま切れ肉……200g
エリンギ……大1本
にんにく……1かけ
水……3カップ（600㎖）
塩……6g（水の容量の1%）
＝小さじ1程度
［たれ］
青じそ辛子じょうゆ（作り方は51ページ）
……適量
スイートチリソース……適量
＊たれは好みのものでOK。

1
エリンギは縦に1cmくらいの太さに裂き、にんにくは薄切りにします。鍋に水と塩、エリンギ、にんにくを入れて中火にかけます（A）。

2
牛肉はキッチンペーパーで水気を拭きます。鍋の湯が沸騰したら火を止めて牛肉を入れ、菜箸でほぐします（B）。豚肉と同様、余熱で牛肉に火を入れるのがしっとりやわらかくゆでるポイント。

3
牛肉の色が変わったら、エリンギ、にんにくとともに揚げバットに取り出します。多少赤みが残っていても大丈夫です。

4
牛肉とエリンギを器に盛り、青じそ辛子じょうゆやスイートチリソースなど好きなたれでいただきます。両方合わせるとエスニック風味が増しておすすめです。
＊にんにく風味のスープにはうどんが合います。ベトナム料理のフォーにしても。

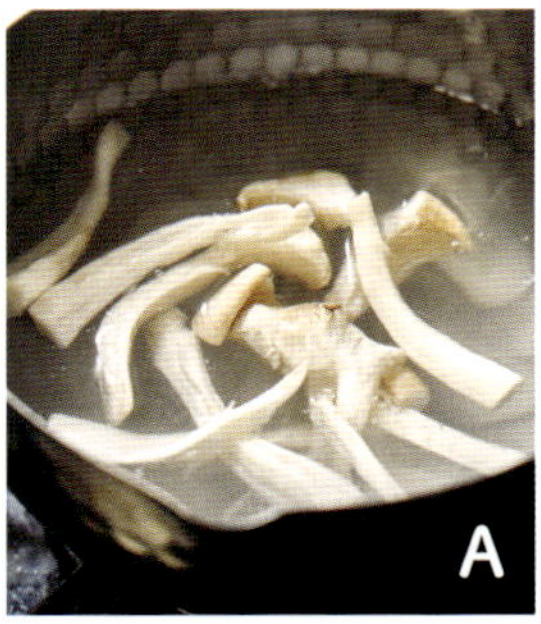
A

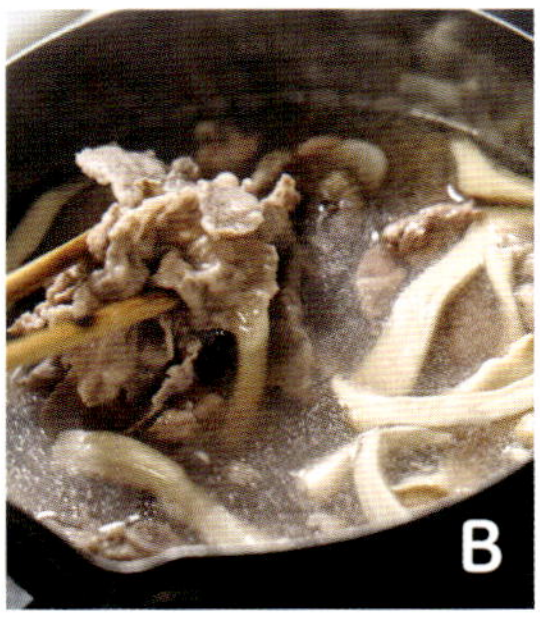
B

ゆで塩鮭

塩鮭といえば焼いて食べるものと思いがちですが
ゆでると、ほわっとした食感に仕上がります。
沸騰したら火を消して、蓋をして
余熱で火を入れるのがポイントです。
黄身おろしポン酢は、なんにでも使える万能だれ。
魚のほか、肉にも合いますよ。
さらに一味唐辛子をたっぷりふるのもおすすめです。

材料（2人分）
塩鮭（甘口）……2切れ
水……300mℓ（目安）
［たれ］
黄身おろしポン酢（作り方は51ページ）
……適量
＊たれは好みのものでOK。

1 塩鮭はキッチンペーパーで水気を拭きます。小さめのフライパンに鮭とかぶるくらいの水を入れて（A）中火にかけます。フライパンが大きいと、その分、水の量が多く必要になってしまうので、ぴったりサイズがおすすめ。塩鮭には塩が含まれているので、ここで塩を入れる必要はありません。

2 沸騰したら蓋をして（B）火を止め、3分ほど余熱で火を入れます。

3 水気をきった鮭を器に盛り、黄身おろしポン酢など好きなたれでいただきます。83ページのレンチンタルタルりんごをのせてもおいしいです。

A

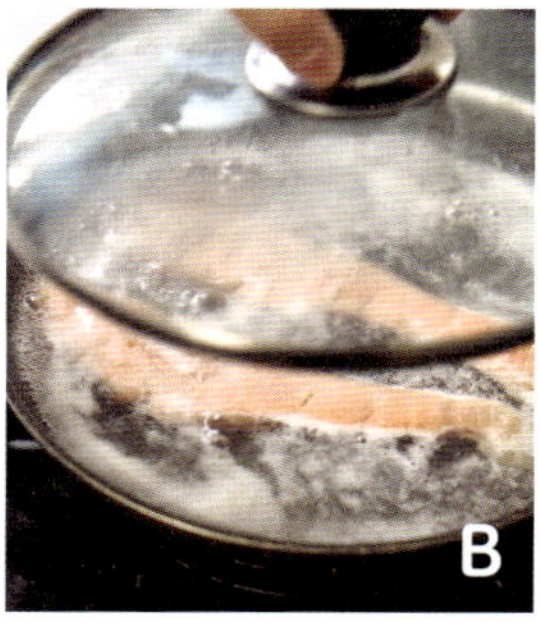
B

ゆで塩さば

ゆでる際に、さばがお湯の表面から出てしまったら、
スプーンでお湯をかけてあげましょう。
そうすると火が入りやすく、ちゅるんとした食感に仕上がります。
もし、崩れるのが怖くなかったら、
蓋をする前に、一度裏返してもよいですよ。
そしてこのゆでさば、
酢漬けの玉ねぎとヨーグルトの付け合わせが合うんです！
あれば、ディルやミントなどを添えると完璧です。

材料（2人分）
塩さば……半身1枚
水……500㎖（目安）
［ソース］
紫玉ねぎの酢漬け（作り方は51ページ）……適量
ギリシャヨーグルト、オリーブオイル、
粗びき黒こしょう……各適量
＊たれは好みのものでOK。

1 さばは半分に切り、キッチンペーパーで水気を拭きます。小さめのフライパンにさばとかぶるくらいの水を入れて中火にかけます。塩鮭と同じく、塩を入れる必要はありません。

2 沸騰したときにさばが湯から出ていたら、湯をスプーンなどで何回かかけて火を通し（A）、蓋をして火を止めて3分ほど余熱で火を入れます。

3 さばを器に盛り、紫玉ねぎの酢漬けやギリシャヨーグルトを添え、オリーブオイル、黒こしょうをかけると洋風な一品になります。もちろん和風味でもおいしく、好みのたれで召し上がってください。

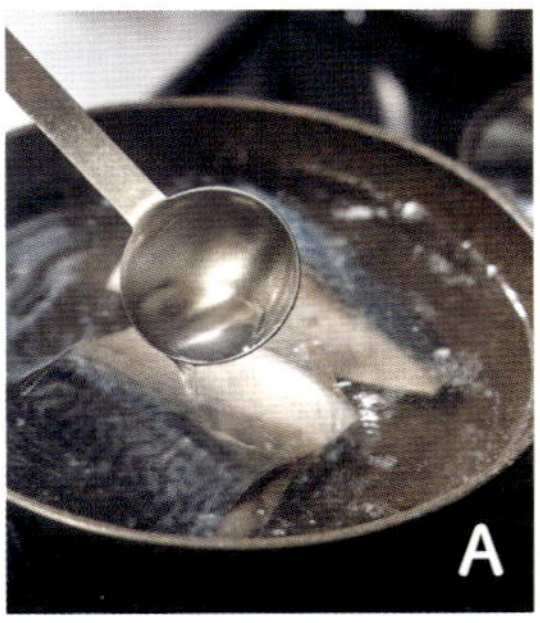

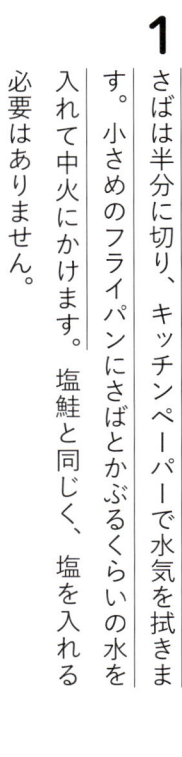

ゆで野菜ミックス

ゆで野菜は作っておくと、
本当に便利です！
私は常備菜を作って食べ続けるのが
少しプレッシャーに感じるのですが、
ゆで野菜だけは別。
みそ汁にすぐに使えたり、
お弁当の隙間に入れたり、
なにかと使えるのです。
ゆで野菜の盛り合わせに
生ハムや削ったチーズをのせ、
オリーブオイルをたっぷりかけるだけで、
気のきいた前菜になります。
そして、ゆで汁は野菜コンソメ。
そのままだとちょっとしょっぱいので、
薄めて使いましょう。

材料（作りやすい分量）
玉ねぎ……1個（200g）
アスパラガス……5本（50g）
スナップえんどう……10個（50g）
キャベツ……2枚（100g）
小松菜……2株（80g）
水……3カップ（600㎖）
塩……6g（水の容量の1％）
＝小さじ1程度
＊野菜の分量や種類はお好みでよい。

［野菜の切り方について］玉ねぎは6等分のくし形切りにします。キャベツは5㎝四方にちぎり、かたい軸の部分は細切りにします。アスパラガスは根元のかたい部分を切り落として2等分に切ります。スナップえんどうは筋を取り、小松菜は6㎝長さに切ります。

1 鍋（または深めのフライパン）に水と塩、玉ねぎを入れて中火にかけます。野菜は食べやすい大きさに切りますが、それによってゆで時間を調整するのがポイント。だいたい2分のゆで時間を目安にします。玉ねぎはほぐさずに入れるので、水からゆっくり火にかけます。

2 沸騰したらアスパラガスとスナップえんどうを加えます。2分たったら玉ねぎは残して、揚げバットに取り出します。

3 小松菜とキャベツを加え、1分ほどたってしんなりしたら、玉ねぎとともに取り出します。使い回ししやすいように短時間でゆで、シャキッとした食感を残します。

＊野菜は単品でもミックスでも好きな組み合わせでよく、塩ソテーや塩ゆでに添えるほか、みそ汁の具にしてもよいでしょう。ポン酢、ごまだれ、おかかじょうゆ、マヨネーズなど、好みの調味料やたれ（50〜51ページ）をかけて。ゆで汁は水を少し足して野菜スープとして使えます。スープは使いきれなかったら、鍋料理やパスタのゆで汁に使っても。

ゆで時間の一覧表

ゆでる工程には大きく分けてふたつあります。
ひとつは沸騰した湯に入れるもの、もうひとつは水から入れて火にかけるものです。
塩ゆでのパート（32～47ページ）で登場する食材について、ゆで時間やコツをまとめました。

沸騰した湯でゆでる

余熱で火が通るまで
- 豚こま切れ肉 ↓32ページ
- 牛こま切れ肉 ↓40ページ

1分
- キャベツ ↓46ページ
- 小松菜 ↓46ページ

2分
- アスパラガス ↓46ページ
- スナップえんどう ↓46ページ
- れんこん（薄切り）↓32ページ

10分
- 卵 ↓82ページ

薄切り肉は火の通りが早く、ゆですぎるとかたくなってしまうので、ぎりぎりの火入れ加減にするのがポイント。そこで、鍋の湯が沸騰したら火を止めてから肉を入れ、菜箸でほぐしながら余熱で火を入れます。

キャベツや小松菜などの葉野菜をシャキッと仕上げたいときは、沸騰した湯で1分くらいと覚えておきましょう。しんなりして、色が鮮やかに変わってきたらゆで上がりです。キャベツはくたくたになるまで5分ほどゆでてもおいしい。

アスパラガスやスナップえんどう、薄い輪切りにしたれんこんなど、葉野菜より厚みがあるか、かための野菜は、沸騰した湯に入れて2分を目安にゆでましょう。野菜は個体の大きさや切り方によってもゆで時間が変わるので、食べてみて確かめるのもおすすめです。

卵はいろいろなゆで方がありますが、私が実践しているのは蒸しゆで。水が少量でよいので、沸騰するまでの時間がかからないというメリットも。沸騰した湯に冷蔵庫から出したての卵を入れ、蓋をして10分火にかけます。半熟にしたい場合は、8分程度で引き上げましょう。

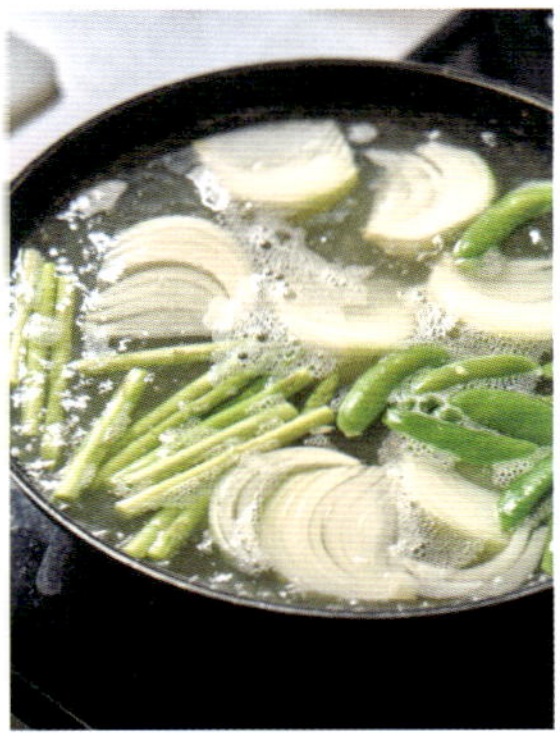

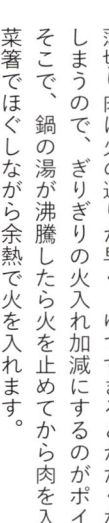

水からゆでる

余熱で3分
塩鮭 ↓42ページ
塩さば ↓44ページ

5分
玉ねぎ（くし形切り） ↓46ページ

8分
鶏もも肉（から揚げ用） ↓36ページ

30秒＋余熱で30分
鶏むね肉 ↓38ページ

塩鮭や塩さばなど、切り身の魚をしっとりゆで上げるには、水から入れて火にかけ、じんわりと熱を入れます。沸騰したら火を止めて蓋をして余熱で3分。水の量は魚がひたるくらいでよいので、小さめのフライパンでもゆでられます。

玉ねぎをゆでる場合は、大きめのくし形に切り、1枚ずつにほぐさずにそのままゆでるのがおすすめ。手間もかからないうえ、食感を残しつつジューシーにゆでられます。水から入れて、沸騰したら5分くらいが目安。全体に半透明になってきたらゆで上がりです。

鶏肉は厚みがあるため、から揚げ用にカットしたものでもゆでるのに多少時間がかかります。水から入れて火にかけ、沸騰したら弱火にして8分ほど。ぐつぐつと煮立った状態ではなく、ふつふつと液面が揺れる程度の火加減でやさしくゆでます。

鶏むね肉をしっとりとゆで上げる最大のポイントは、余熱で火を通すこと。皮目を下にして水に入れて火にかけて、沸騰したら30秒ゆで、裏返して蓋をして火を止め、30分おきます。こうすることで、ゆっくりと中まで熱が入り、切るとうっすらとピンクがかってジューシーに。

手作りがおいしい万能だれ

塩ゆでした肉や魚、野菜などにあれこれ使える便利なたれ。身近な調味料や食材を混ぜ合わせるだけで簡単に作れるものばかりです。組み合わせは自由自在。好みの食べ方を見つけてみてください。

何にでも合う甘辛味

はちみつみそだれ

材料（作りやすい分量）

みそ……大さじ1

はちみつ……大さじ1

しょうゆ……大さじ1

作り方

すべての材料を混ぜ合わせる。

まろやかさがプラス

黄身おろしポン酢

材料（作りやすい分量）

大根……100g

卵黄……1個分

ポン酢……適量

作り方

大根はすりおろし、水気を絞る。卵黄とポン酢を加えて混ぜる。

中華風に変身！

ねぎだれ

材料（作りやすい分量）

長ねぎ……小1/2本（40g）

しょうゆ……大さじ1

ごま油……大さじ1

米酢……大さじ1/2

作り方

長ねぎはみじん切りにし、その他の材料と混ぜ合わせる。

付け合わせにあると便利

紫玉ねぎの酢漬け

材料（作りやすい分量）

紫玉ねぎ……60g

米酢……60㎖

作り方

紫玉ねぎは薄切りにし、米酢に漬ける。

和風にも、エスニックにも

青じそ辛子じょうゆ

材料（作りやすい分量）

青じそ……10枚

しょうゆ……大さじ2

練り辛子……少々

作り方

青じそはみじん切りにし、その他の材料と混ぜ合わせる。

市販の調味料も活用

市販の調味料の中でも、よく使っているのがこのラインナップ。定番のポン酢とごまだれのほか、ピリ辛がアクセントになる練り辛子、粒マスタード、コチュジャン、タバスコ、スイートチリソース。タバスコは粉チーズとセット使いに。スイートチリソースは余りがちですが、しょうゆとの相性が抜群です。濃厚なギリシャヨーグルトもまろやかなソースになります。

3 野菜ひとつで炊き込みごはん

酒と塩、野菜1種類だけを入れて炊いた
この炊き込みごはんは、ほんのり塩気があって、
どんなおかずにも合わせやすい。
和食だけでなく、
洋食のおかずにもぴったりです。
ノンオイルのピラフのようなイメージで、
たとえばクリームシチューやグラタンなど、
パンに合わせるか迷う
料理にも合わせてみてください。
お弁当にもおすすめ。
不思議とこれだけで
ごちそう感がありますね。

スライサーで簡単に

にんじんごはん

材料（3〜4人分）

にんじん……50g
米……2合
水……2カップ（400㎖）
酒……大さじ1
塩……小さじ1

1 米は洗って鍋か炊飯釜に入れ、水、酒、塩を加えます。酒と塩の分量は、具が替わっても同じなので、覚えておくとよいでしょう。

2 にんじんをスライスして鍋に入れます。このとき、鍋の上でスライサーを使うと洗いものがひとつ減らせます。もちろん、包丁で薄い輪切りにしても。

3 鍋に蓋をして中火にかけ、沸騰したら弱火にして13分炊き、火を止めて10分蒸らします（または炊飯器の通常モードで炊く）。炊き上がったらしゃもじで全体を混ぜます。

トマトごはん

↓作り方は p.57

バターピーナッツごはん

↓作り方は p.57

里いもごはん

↓作り方はp.57

とうもろこしごはん

↓作り方はp.57

長ねぎごはん

↓作り方は p.57

さつまいもごはん

↓作り方は p.57

切らずに丸ごと！

トマトごはん

材料（3〜4人分）

トマト……中1個

米……2合

水……2カップ（400㎖）

酒……大さじ1

塩……小さじ1

作り方　米は洗って鍋か炊飯釜に入れ、水、酒、塩を加える。トマトはヘタを取って丸ごと加え、通常どおりに炊く。

缶詰でもOK

とうもろこしごはん

材料（3〜4人分）

とうもろこし（缶詰でも可）……1本

米……2合

水……2カップ（400㎖）

酒……大さじ1

塩……小さじ1

作り方　米は洗って鍋か炊飯釜に入れ、水、酒、塩を加える。とうもろこしは身をこそげて加え、通常どおりに炊く。

香りよし、食感よし

バターピーナッツごはん

材料（3〜4人分）

バターピーナッツ……30g

米……2合

水……2カップ（400㎖）

酒……大さじ1

塩……小さじ1

細ねぎ（小口切り）……適量

作り方　米は洗って鍋か炊飯釜に入れ、水、酒、塩を加える。ピーナッツを加え、通常どおりに炊く。器に盛り、細ねぎを散らす。

青い部分も入れると香りがいい

長ねぎごはん

材料（3〜4人分）

長ねぎ（上部のかたい葉の部分は除く）

……1本

米……2合

水……2カップ（400㎖）

酒……大さじ1

塩……小さじ1

作り方　米は洗って鍋か炊飯釜に入れ、水、酒、塩を加える。長ねぎは1㎝厚さの輪切りにして加え、通常どおりに炊く。

冷凍食材でもできる！

里いもごはん

材料（3〜4人分）

里いも（冷凍でも可）……100g

米……2合

水……2カップ（400㎖）

酒……大さじ1

塩……小さじ1

作り方　米は洗って鍋か炊飯釜に入れ、水、酒、塩を加える。里いもは皮をむき、小さいものなら丸ごと加え、通常どおりに炊く。

ほくほく食感

さつまいもごはん

材料（3〜4人分）

さつまいも……小1本（100g）

米……2合

水……2カップ（400㎖）

酒……大さじ1

塩……小さじ1

作り方　米は洗って鍋か炊飯釜に入れ、水、酒、塩を加える。さつまいもは皮を縞目にむき、細いものなら輪切りに、太い場合は縦4つ割りにして加え、通常どおりに炊く。

4 冷凍みそ汁の素

この冷凍みそ汁の素、
大発明！と言いたいほど。
みそは冷凍しても固まらないので、
ねぎのみじん切りや
だしとなるいろいろな食材をたっぷり入れて。
ひとさじお椀に入れて、
お湯を注げばでき上がりです。
それだけでも十分おいしいのですが、
あとは、自由に具材を入れればいいのです。
私は猫舌なので、
冷たいお豆腐を入れるのが好きです。
もちろんゆで野菜もみそ汁の具にどうぞ。

材料（作りやすい分量）

みそ……250g
長ねぎ……20g
かつお節（いわし節をミックスしても）……適量
干しえび……適量
のり（乾燥の青のり、ひとえぐさなどをミックスしても）……適量
糸寒天（スープ用）……適量

1 かつお節、干しえび、のり類、糸寒天などの乾物を容器に入れます。合わせて15gくらいが目安。いわし節はかつお節よりも栄養価が高いのでなるべく入れるようにしています。のり類は複数を組み合わせると香りがよく、糸寒天は具としての役割です。

2 長ねぎはみじん切りにして**1**に加えます。

3 みそも加えて混ぜ、具がみそに絡んでよく混ざったら完成。

お湯を注ぐだけ！

冷凍庫から出したみそ汁の素を、お椀1杯あたり大さじ1〜1と$\frac{1}{2}$を入れ、熱湯を注ぐだけ。さっと混ぜたら、だしのきいたみそ汁ができ上がります。ここにゆで野菜（p.46）を加えても。ほかにもトマト、残った刺身、ごま豆腐、さば缶、もずく、納豆、キムチ、お麩などお好みで加えてみてください。

5 自由な鍋料理

くたくたに疲れて、
今日は何も作りたくない
というときにこそ、
鍋料理が助けてくれます。
鍋料理のいいところは、
市販のたれも活用して、
各自好きな味つけにできること。
また、ごちそう感のあるすき焼きも、
実はフライパンひとつでできる料理。
季節の野菜でバリエーションも出せますよ。

豚肉とキャベツ、セロリの塩鍋

わが家の定番の超シンプルな鍋料理。
水と酒と塩をベースに、
豚肉と野菜にさっと火を通せば、
あとは卓上でそれぞれが好きに調味するだけ。
にんにくを入れるとコクが出て、
野菜や酒の甘みやうまみ、
豚肉のだしも複雑に絡み合い、
味つけは塩だけとは思えないおいしさです。
キャベツの代わりに白菜を使ったり、
セロリの代わりに長ねぎやにらを使ったり、
きのこをたっぷり入れたり……。
これを「きほんの鍋」として
いろいろな応用ができます。

材料（2〜3人分）
豚バラ肉（薄切り）……300g
キャベツ……200g
セロリ……1/2本
にんにく……2〜3かけ
A
水……500mℓ
酒……200mℓ
塩……小さじ2

［たれ］
ポン酢、ごまだれ、かんきつ類
……各適量

1 キャベツはせん切りにする。セロリは5㎝長さの細切りにする。にんにくは薄切りにする。

2 鍋に**A**、にんにくを入れて中火にかける。沸騰したら弱火にし、豚肉とキャベツ、セロリを入れて火が通ったらでき上がり。ポン酢やごまだれ、かんきつ類など、食べる人が各自好きな味つけで食べる。もちろんそのままでも、粗びき黒こしょうをかけてもおいしい。

締めは塩ラーメンに

にんにく風味の塩味のスープには、
細麺のラーメンがよく合います。
鍋用のラーメンはそのまま入れる
だけと便利。味が足りなければ、
塩で調整してください。

豚たこしゃぶ

この鍋を作るようになったきっかけは、
大好きな日間賀島（愛知県）で食べたたこしゃぶ。
たこと一緒に豚肉も添えてあり、
たまらないおいしさに、わが家でも定番になりました。
たこはなるべく薄〜く、断面は広くなるように
スライスして食べると、これが絶品！
磯の香りが豊かなわかめも、鍋に入れると
つるんとして、いくらでも食べられます。
こちらはしょうゆベースにして、塩はほんの少し。
ねぎだくのポン酢で食べるのがおすすめです。
ちなみに、ポン酢に酒盗やたこわさ、
のりの佃煮を混ぜても最高なんです！

材料（2〜3人分）

豚肩ロース肉（薄切り）……200g
ゆでだこ……80g
白菜……200g
わかめ（刺身用、または塩蔵わかめ、乾燥わかめを戻したもの）……70g

A
水……500㎖
酒……200㎖
しょうゆ……大さじ2
塩……小さじ1/2

［たれ］
ポン酢……適量
細ねぎ……適量

1 たこはごく薄くスライスする。白菜は細切りにする。わかめはざく切りにする。細ねぎは小口切りにしてポン酢と合わせておく。

2 鍋に**A**を入れて中火にかけ、沸騰したら弱火にし、豚肉、白菜、わかめを入れて火が通ったらでき上がり。たこは火を通しすぎるとかたくなるので、さっと湯に通して食べる。ポン酢など各自好きな味つけで。おろしポン酢でもおいしい。締めはしょうゆを少し足してしょうゆラーメンに。

鶏じゃがバター鍋

こちらはバターじょうゆ味のこっくりした味わい。
といっても、作り方はほかの鍋と同じくいたって簡単。
鶏肉から出ただしが、じゃがいもと豆腐にしみ込み、
なんとも味わい深いのです。
鍋のような、具だくさんのスープのような……。
ぜひ自由な気持ちで作ってみてください。
バターはほんのちょっぴりですが、これぞ隠し味。
全体をまあるい味にまとめてくれます。
そしてこの鍋には、
アジアンテイストのたれをぜひ！
思いがけないマリアージュに歓声が沸くはず。

材料（2〜3人分）

鶏もも肉（から揚げ用）……200g
じゃがいも……1個
絹ごし豆腐……1丁（350g）
A 水……500㎖
酒……200㎖
しょうゆ……大さじ3
バター……10g
［たれ］
ミント……5g
スイートチリソース……大さじ2
しょうゆ……大さじ1

1 じゃがいもは皮をむいて1㎝厚さの輪切りにする。豆腐は6等分に切る。

2 鍋に**A**、鶏肉、じゃがいも、豆腐を入れて蓋をして中火にかける。沸騰してから10分ほど煮たらでき上がり。

3 ミントは葉の部分を粗みじん切りにし、その他のたれの材料と混ぜ合わせ、好みでかけて食べる。

締めは汁かけごはんに

鶏のうまみたっぷりの汁にはごはんを合わせるのがベスト。ごはんを器に入れて汁をかけ、汁かけごはんにしていただきます。具も少し残しておきましょう。

きほんのすき焼き

すき焼きは
「焼き」であって、「煮」ではありません。
だから、私はいつもフライパンで作ります。
野菜や肉に焼き目をつけながら火を通し、
しょうゆと砂糖を直接回しかけて調味します。
煮詰まってきたら酒を、
味が薄くなったらしょうゆと砂糖を、
食べながら足していくのが楽しい料理です。
すき焼きというと、高級な牛肉で作る
特別な日の料理とお思いかもしれませんが、
ふだん作るすき焼きは、牛こま切れ肉で十分。
甘辛いお肉で野菜をたっぷり食べましょう。
そして卵には、
一味唐辛子と粉山椒をアクセントに！

材料（2～3人分）
牛こま切れ肉……300g
白菜……200g
長ねぎ……1本
結び白滝……150g
切り餅……2個
サラダ油……大さじ1
砂糖……大さじ1
しょうゆ……大さじ1と1/2
酒……大さじ2
卵……1人1個
一味唐辛子、粉山椒……各適量

1 白菜はざく切りにする。長ねぎは斜め切りにする。結び白滝は水気をきる。切り餅は半分に切る。

2 直径26cm程度の深さのあるフライパンや鍋にサラダ油を入れ、中火で熱する。**1**の具を入れ、焼き目がつくまで焼く。

3 具を端に寄せて牛肉を入れ、砂糖としょうゆを牛肉にかけて絡める（**a**）。煮詰まってきたら酒を加える。

4 各々の器に卵を割り入れ、好みで一味唐辛子と粉山椒をふり、絡めて食べる。煮詰まってきたら酒を大さじ1/2ずつ加えてのばす。野菜の水気で味が薄くなったら、砂糖としょうゆを足して調整する。

春のすき焼き

すき焼きは白菜や長ねぎなど冬の食材を使うことが多いけれど、実は、どんな野菜でもいいのです。春の食材を使うと、香りよくフレッシュな味に仕上がります。

材料（2〜3人分）
牛こま切れ肉……300g
にら……150g
新玉ねぎ……100g
たけのこ（水煮）……100g
アスパラガス……40g
サラダ油……大さじ1
砂糖……大さじ1
しょうゆ……大さじ1と1/2
酒……大さじ2
卵……1人1個
一味唐辛子、粉山椒……各適量

1 にらは7cm長さに切る。新玉ねぎは2cm幅のくし形切りにする。たけのこは薄切りにする。アスパラガスは食べやすい長さに切る。

2 直径26cm程度の深さのあるフライパンや鍋にサラダ油を入れ、中火で熱する。**1**の野菜を入れ、焼き目をつける。

3 野菜を端に寄せて牛肉を入れ、砂糖としょうゆを牛肉にかけて絡める。煮詰まってきたら酒を加える。

4 各々の器に卵を割り入れ、好みで一味唐辛子と粉山椒をふり、絡めて食べる。煮詰まってきたら酒を大さじ1/2ずつ加えてのばす。野菜の水気で味が薄くなったら、砂糖としょうゆを足して調整する。

豚肉ときのこ、トマトのすき焼き

すき焼きは牛肉ではなく、豚肉でもいいんです。きのことトマトの組み合わせは、さっぱりしながらも、うまみ満点。トマトはそのうち崩れてソースになります。

材料（2〜3人分）

豚肩ロース肉（薄切り）……300g
きのこ（舞茸、エリンギ、マッシュルームなど）……合わせて300g
トマト……1個
サラダ油……大さじ1
砂糖……大さじ1
しょうゆ……大さじ1と1/2
酒……大さじ2
卵……1人1個
一味唐辛子、粉山椒……各適量

1 舞茸は食べやすい大きさに裂く。エリンギは食べやすい長さに切って縦4等分に裂く。マッシュルームは半分に切る。トマトは4等分のくし形切りにする。

2 直径26cm程度の深さのあるフライパンや鍋にサラダ油を入れ、中火で熱する。**1**のきのことトマトを入れ、焼き目をつける。

3 具を端に寄せて豚肉を入れ、砂糖としょうゆを豚肉にかけて絡める。煮詰まってきたら酒を加える。

4 各々の器に卵を割り入れ、好みで一味唐辛子と粉山椒をふり、絡めて食べる。煮詰まってきたら酒を大さじ1/2ずつ加えてのばす。きのことトマトの水気で味が薄くなったら、砂糖としょうゆを足して調整する。

6 身近な食材でお助けレシピ

もう一品ほしいとき、たんぱく質が足りないと思ったときに、知っていると役に立ってちょっと楽しいレシピをまとめました。副菜やおつまみ、軽食、常備菜などにどうぞ。

まぐろのタルタル
→作り方はp.72

刺身用の魚

魚が食べたいけれど、骨や皮が気になって……。そんな方には刺身用の魚が断然おすすめ。さくでも、切ったものでも、どちらを使ってもよいですよ。

赤えびのカルパッチョ
青じそとレモンの風味
→作り方はp.72

鯛とセロリの柚子こしょう風味

↓作り方は
p.73

いかと
ブッラータとキウイ

↓作り方は
p.73

まぐろのタルタル

エシャレット＋ケッパーの代わりにらっきょうの塩漬けを使った洋風タルタル。ケッパーと玉ねぎのみじん切りで同様に作ってもおいしいです。

材料（2人分）

まぐろ（刺身用）……１００g
らっきょうの塩漬け……２個
パセリの葉……３g
粒マスタード……小さじ2
オリーブオイル……小さじ1
バゲット……適量

1 まぐろ、らっきょう、パセリの葉はみじん切りにしてボウルに入れる。

2 粒マスタードとオリーブオイルを加えてねっとりするまで混ぜ、器に盛る。

3 薄く切ったバゲットをオーブントースターでカリッとするまで焼き、**2**をのせて食べる。

赤えびのカルパッチョ 青じそとレモンの風味

青じそをみじん切りにさえすれば、あとは、皿の上ですべて完成するカルパッチョ。赤えびが手に入らなければ甘えびでも。青じそはパセリでも。お好みでどうぞ。

材料（2人分）

赤えび（甘えびでもよい）……5尾
青じそ……10枚
にんにく（あれば）……1/2かけ
レモン……1/4個
塩……ふたつまみ
オリーブオイル……大さじ1

1 赤えびは殻をむき、背ワタを取る。青じそはみじん切りにする。にんにくの断面を器にこすりつけて香りを移す。

2 器に赤えびを盛り、レモンを搾りかける（レモン汁大さじ1程度）。塩をふり、オリーブオイルを回しかけ、青じそをのせる。

鯛とセロリの柚子こしょう風味

ポン酢と柚子こしょうでさっと和えたセロリ。シャキシャキした食感とピリッとした辛さが、甘くやわらかい鯛のアクセントになります。

材料（2人分）
鯛（刺身用）……100g
セロリ……20g
ポン酢……大さじ1
柚子こしょう……小さじ1/4

1 鯛は薄くそぎ切りにする。セロリは6㎝長さのせん切りにする。

2 ボウルにポン酢、柚子こしょうを入れて混ぜ、セロリを加えて和える。

3 鯛を器に盛り、**2**を調味料ごとかける。

いかとブッラータとキウイ

意外な組み合わせとお思いでしょうが、まずは一度、試してみてください！
この3つの素材がベストだとわかるはず。

材料（2人分）
いか（刺身用）……80g
ブッラータチーズ……1個（70g）
キウイ……1個
塩……ひとつまみ
オリーブオイル……小さじ2

1 いかは細切りにし、キウイは2㎝角に切る。水気をきったブッラータとともに器に盛り合わせる。

2 塩をふり、オリーブオイルを回しかけ、ブッラータをほぐしながら全体をよく混ぜて食べる。好みで黒こしょう（材料外）をふる。

サーモンと春菊のごまじょうゆマリネ

甘じょっぱい味を絡めたサーモンは、春菊のほろ苦い香りと抜群に合います。冬に食べたい中華風の海鮮サラダ。

材料（2人分）
サーモン（刺身用）……120g
春菊の葉……20g
A
しょうゆ……大さじ1/2
はちみつ……小さじ2
ごま油……小さじ1
しょうがのすりおろし……5g

1 サーモンは薄切りにする。春菊の葉は食べやすい大きさにちぎる。

2 ボウルに**A**を入れて混ぜ、サーモンを加えて和える。器に盛り、春菊を添え、春菊と混ぜながら食べる。

かつおとベーコンのちらしずし

かつおはスモーキーな香りと合うことから、子どもが好きなベーコンを入れたちらしずし。酢めしに炒りごまを混ぜても、練り辛子を添えてもおいしい。

材料（作りやすい分量）
かつお（刺身用）……150g
ベーコン（スライス）……100g
炊いたごはん……2合分
すし酢……60mℓ
（なければ酢50mℓ、砂糖大さじ1と1/2、塩小さじ1を混ぜる）
しば漬け（刻みタイプ）……大さじ2
しょうゆ……大さじ1/2

1 炊きたてのごはんにすし酢を混ぜ、粗熱が取れたらしば漬けの1/2量を加えて混ぜる。

2 かつおは1cm厚さに切り、しょうゆを絡める。

3 ベーコンは1cm幅に切り、熱したフライパンに入れ、脂が透明になるくらいに火を通す。

4 **1**の酢飯を器に盛り、**2**のかつお、脂をきったベーコン、残りのしば漬けをのせる。

干もの

干ものは塩味がついた、日持ちする保存食。そのまま焼いて食べてもおいしいですが、ちょっぴり意外性のある食べ方をご紹介。ビールやワインなど、お酒にもよく合います。

ほっけ焼きと緑のマッシュポテト

↓作り方はp.78

するめいかのソテーケチャップみそ添え

↓作り方はp.78

しらすともやしのチヂミ

↓作り方はp.79

ししゃものから揚げ
カレーマヨネーズ

↓作り方はp.79

ほっけ焼きと緑のマッシュポテト

焼いた魚に、実はじゃがいもがよく合うのです！
一緒に食べると、まさに洋風の料理。
パセリを加えた緑のマッシュポテトは香りがよく、
見た目にもきれいです。

材料（2人分）
ほっけの干もの……1枚
じゃがいも……200g
にんにく……1かけ
塩……小さじ1/4

A
牛乳……100mℓ
バター……10g
パセリの葉（みじん切り）……5g

レモン（くし形切り）……1/6個
オリーブオイル……適量

1 じゃがいもは皮をむき、1cm厚さの輪切りにする。鍋に水1カップ、じゃがいも、にんにく、塩を入れて中火にかけ、蓋をして10分ほど煮る。

2 ほっけは魚焼きグリルやフライパンでこんがりするまで両面を焼く。

3 じゃがいもがやわらかくなったら湯を捨て、蓋を取って火にかけて水気を飛ばす。**A**を加えてなめらかになるまで練る。

4 ほっけを器に盛り、**3**のマッシュポテトとレモンを添え、オリーブオイルを回しかける。

するめいかのソテー ケチャップみそ添え

にんにくオイルでさっと炒めた、いかの一夜干し。
ローズマリーがあればさらに香りよく仕上がります。
ピリ辛のケチャップみそをつけると、また絶品なのです。

材料（2人分）
するめいかの一夜干し……1枚
にんにく……2かけ
オリーブオイル……大さじ2
ローズマリー（あれば）……3本
［ケチャップみそ］
トマトケチャップ……10g
みそ……10g
一味唐辛子……たっぷり

1 いかは5cm長さ、1cm幅に切る。げそは吸盤を軽くこそげ、食べやすい長さに切る。にんにくは薄切りにする。ケチャップみその材料は混ぜ合わせておく。

2 フライパンにオリーブオイルとにんにく、ローズマリーを入れて弱めの中火にかける。にんにくの香りが立ってきたら、いかを入れて弱火にし、色が変わってきたらすぐに火を止めて余熱で火を通す。器に盛ってケチャップみそを添える。

しらすともやしのチヂミ

チヂミにしらすをよく入れます。野菜はもやしに限らず、じゃがいものせん切りや、薄切りのズッキーニなどでも。残った野菜でアレンジできますよ。

材料（2人分）

A
- 釜揚げしらす（しらす干しでもよい）…… 30g
- もやし …… 1袋
- 細ねぎ（小口切り）…… 30g
- 卵 …… 1個
- 薄力粉 …… 30g
- 片栗粉 …… 30g
- 塩 …… ひとつまみ

ごま油 …… 大さじ2

［たれ］
- ポン酢 …… 小さじ2
- コチュジャン、はちみつ …… 各小さじ1/2

a

1 ボウルに**A**の材料を入れてよく混ぜる。

2 フライパンにごま油を中火で熱する。**1**を流し入れて広げ、蓋をして3分焼く。こんがりしたら平らな皿にすべらせるようにして移動し、フライパンを裏返して皿の上にのせ（**a**）、皿ごと裏返して反対面も3分焼く。たれの材料を混ぜ合わせて添え、つけて食べる。

ししゃものから揚げ カレーマヨネーズ

魚焼きグリルを使いたくない人は、フライパンで揚げ焼きにしてはいかがでしょう。そしてカレーマヨネーズソース、とってもよく合うので、ぜひお試しを！

材料（2人分）

ししゃもの干もの …… 5尾

A
- 薄力粉 …… 大さじ1/2
- 片栗粉 …… 大さじ1/2

オリーブオイル …… 大さじ2

レモン（くし形切り）…… 1/6個

［カレーマヨネーズ］
- マヨネーズ …… 10g
- 粒マスタード …… 5g
- カレー粉 …… 小さじ1/4

1 **A**の材料を混ぜ合わせてししゃもにまぶす。粉っぽさがなくなるまで5分ほどおく。カレーマヨネーズの材料は混ぜ合わせる。

2 フライパンにオリーブオイルを弱めの中火で熱し、ししゃもを入れる。カリッとするまで両面を揚げ焼きにする。

3 揚げバットに取り出して油をきり、器に盛る。カレーマヨネーズとレモンを添える。

卵

卵は常備することが多く
レパートリーを広げておくと、
なにかと役立ちます。
ここでは、
定番メニューをひとひねり。
朝ごはんにも、お弁当にも、
軽いランチにも。

塩ゆで卵
↓作り方は p.82

卵ピザ
↓作り方は p.82

目玉焼きのおかかポン酢

↓作り方は p.83

レンチンタルタルりんごのトースト

↓作り方は p.83

塩ゆで卵

ゆで卵に塩をまぶしただけ。
どんな味玉よりも簡単なのですが、
これがまた、じんわり塩味がしみていて美味。
ラーメンに、お弁当に、何にでも使えます。

材料（作りやすい分量）
卵（Mサイズ）……5個
塩……小さじ1/2（卵の重量の0.8％）

1 卵の底（平らなほう）に画びょうなどで穴を開ける（破裂防止のため）。フライパンに水を1cm高さまで入れて中火にかけ、沸騰したら卵を入れ、蓋をして10分蒸しゆでにする。

2 すぐに冷水をあてながら殻をむき、保存容器に入れて卵の重さをはかる。0.8％の塩を計量し、まんべんなくふる。

*冷蔵庫で3日ほど保存可能。

卵ピザ

ピザをいつでも食べたい
家族に人気の料理。
粗みじん切りにした
キャベツの水分で、卵が驚くほど
ふんわり焼けます。

材料（作りやすい分量）
卵……3個
キャベツ……120g
ソーセージ……2本
ミニトマト……4個
オリーブオイル……適量
塩……小さじ1/4
ピザ用チーズ……80g

1 キャベツは粗みじん切り、ソーセージは5mm幅の輪切りにする。ミニトマトは縦4等分に切る。

2 耐熱皿にオリーブオイルを薄く塗り、キャベツを入れる。卵を割り入れて塩を加え、よく混ぜる。チーズをのせ、ソーセージ、ミニトマトを断面を上にしてのせる。

3 オーブントースターの最高温度で20分ほど、こんがりするまで焼く。

目玉焼きのおかかポン酢

黄身は半熟、白身はふちがチリチリするまで焼き、おかかをのせて、ポン酢をたらり。私が好きな目玉焼きの食べ方です。野菜はあるもので、ボリュームアップ。

材料（1人分）

卵……1個
ズッキーニ……1/3本
ミニトマト……3個
オリーブオイル……大さじ1
塩……ふたつまみ
削り節……1g
ポン酢……適量

1 ズッキーニは1cm厚さの輪切りにする。

2 小さめのフライパンにオリーブオイルとズッキーニ、ミニトマトを入れて中火にかける。塩ひとつまみをふり、こんがりするまで両面を焼き、器に盛る。

3 **2**のフライパンを再度中火にかけて卵を割り入れ、黄身に塩ひとつまみをふる。黄身は半熟で白身のふちがこんがりするまで焼く。**2**の器に盛り合わせ、削り節とポン酢をかける。

レンチンタルタルりんごのトースト

ちゃんと作ると面倒なタルタルソースですが、レンジであっという間にできてしまいます。りんごを加えたら、甘みと食感がプラスされ、軽い食べ心地で、止まらないおいしさ！

材料（作りやすい分量）

卵……3個
りんご……40g
マヨネーズ……30g
粒マスタード……10g
塩……ふたつまみ
食パン、バター……各適量

1 耐熱容器に卵を割り入れ、菜箸を黄身に突き刺して穴を開け、白身のからざを断ち切っておく。ラップをふんわりかけ、電子レンジ（600W）で4分加熱する（破裂音がしたらすぐに加熱をやめる）。

2 黄身に火が通ったらフォークなどでつぶし、マヨネーズ、粒マスタード、塩を加えて混ぜる。

3 りんごは皮つきのまま1cm角に切り、粗熱が取れた**2**に加えて混ぜる。

4 食パンをオーブントースターでこんがり焼いてバターを塗り、**3**を適量のせる。

梅干しと干しえびの ちゃちゃっと卵焼き

ちゃんと成形したオムレツではなく、ちゃちゃっとまとめるから、このネーミング。塩分は梅干しに、うまみは干しえびに頼り、中はとろりと半熟に仕上げるのがコツ。

材料（2人分）

A
- 卵……2個
- 梅干し（塩分18％のもの）……1/2個
- 干しえび……2g
- 細ねぎ……10g

ごま油……大さじ1

1 梅干しは種を取って包丁でたたく。細ねぎは小口切りにする。ボウルに**A**の材料を入れてよく混ぜる。味見をして薄かったら梅干しを足す。

2 フライパンにごま油をひいて強めの中火にかけ、油が温まったら**1**を流し入れる。へらなどでざっとかき混ぜ、卵が固まってきたらフライパンの端に寄せて、そのまま焼き固める。

スクランブルエッグと しらすのひとりちらし

ひとりで軽くすませたい昼食にぴったり。茶碗1杯のごはんにすし酢は小さじ2と覚えましょう。バター風味のスクランブルエッグを酢飯にどん。しらすとゆかりの塩気が加わり、絶妙なバランスに。

材料（1人分）

- 卵……1個
- 釜揚げしらす（しらす干しでもよい）……30g
- 炊いたごはん……150g
- すし酢……小さじ2（すし酢の作り方は75ページ参照）
- 牛乳……小さじ1
- バター……10g
- ゆかり（赤じそふりかけ）……小さじ1/2
- レモン（くし形切り）……1/6個

1 ごはんにすし酢を混ぜて器に盛る。

2 ボウルに卵と牛乳を入れて混ぜる。小さめのフライパンにバターを入れて中火にかけ、溶けたら卵液を流し入れて、さっとかき混ぜて火を通す。

3 **1**に**2**としらすをのせ、ゆかりをふる。レモンを添えて搾りかける。

豆腐

煮ても焼いても、
そのままでもおいしい豆腐。
たくさんレシピがありますが、
その中でもお気に入りの
料理を紹介します。
たんぱく質がちょっと
足りないな、と思ったときに、
追加してみてください。

明太とろろ豆腐

↓作り方は p.88

豆腐のジョン

↓作り方は p.88

油揚げ

揚げているのに軽さがあって、
煮ものだけでなく、
おつまみにもぴったりの油揚げ。
さっと火を通すだけでサクッとし、
汁気を含むとふんわりジューワーッ。
調理法によって
食感の変化も楽しめる食材です。

あげづけ焼き

↓作り方はp.89

ほたてとチーズのお揚げ巻き

↓作り方はp.89

明太とろろ豆腐

それぞれパック詰めされた加工品を鍋に入れて温めるだけ。すべてコンビニでそろいますし、調味料さえ要りません！ふるふるやさしい味に、体も和みます。

材料（2人分）
絹ごし豆腐……1丁（350g）
明太子……40g
味つけとろろ（市販のもの）……100g

1 鍋に水100㎖、豆腐をざっくりスプーンで割りながら入れ、中火にかける。明太子は薄皮を取って身をほぐす。

2 豆腐が温まったら火を止め、明太子を加えて混ぜ、味つけとろろを流し入れる。再度中火にかけ、沸騰したらすぐに火を止め、器に盛る。

豆腐のジョン

こちらは木綿豆腐を使った、しっかり食べ応えのあるおかず。豆腐はしっかりと水気をきり、ごま油で香りよくカリッと焼き上げます。

材料（2人分）
木綿豆腐……1/2丁（約180g）
焼きのり（全形）……1枚
薄力粉……大さじ1
卵……1個
ごま油……大さじ1
塩……ひとつまみ
［たれ］
にら（みじん切り）……15g
しょうゆ……大さじ1
砂糖……小さじ2
酢……小さじ2

1 豆腐は1時間ほどかけてしっかり水きりし、1㎝厚さ（8等分）に切る。のりは8等分に切る。卵は溶きほぐす。たれの材料は混ぜ合わせておく。

2 豆腐にのりを巻き、薄力粉をまんべんなくまぶす（**a**）。

3 フライパンにごま油を中火で熱し、**2**を溶き卵にくぐらせてから入れ、片面3分ずつカリッとするまで焼く。最後に塩をふり、器に盛る。たれをかけて食べる。

あげづけ焼き

岐阜県・飛騨高山で食べられている
あげづけは、油揚げを甘辛く煮たもの。
同様に甘辛く味つけして、こんがり焼くだけで、
ふんわりと香ばしい、絶品おつまみに。

材料（2人分）
油揚げ……2枚
しょうゆ……大さじ1/2
みりん……大さじ1/2

1 油揚げは1枚を8等分に切り、しょうゆとみりんを順番に回しかけてもみ込む。

2 フライパンに油をひかずに**1**を入れて中火にかけ、こんがりするまで両面を焼く。

ほたてとチーズのお揚げ巻き

油揚げを春巻きの皮に見立て、
ほたてとチーズを包んだボリュームおかず。
外はこんがり、中のチーズはとろり。
揚げていないのに春巻き気分。
辛子酢じょうゆで食べてもおいしい。

材料（2人分）
油揚げ……2枚
ベビーほたて……50g
ピザ用チーズ……20g
レモン（くし形切り）……1/6個

1 油揚げの中央にちぎったほたて、チーズを細長くのせる。縦半分に包み、油揚げの端同士を爪楊枝で2か所ほど留める（**a**）。

2 フライパンに油をひかずに**1**を入れて中火にかけ、時々返しながら、全体がこんがりして中のチーズが溶けるまで焼く。半分に切って爪楊枝を取り、器に盛る。レモンを搾りかけるか、辛子酢じょうゆ（材料外）をつけて食べる。

納豆

朝ごはんの定番でもある、発酵食品の納豆。
せっかくのお手軽食材なので、
複雑なアレンジはせず、少しだけ手を加えて、
ちょっとした小鉢に仕立ててみました。
アレンジすると、ねばねば感が薄れて
食べやすくなります。

納豆そぼろ

↓作り方は
p.92

納豆のごま油白和え

↓作り方は
p.92

レンズ豆と小松菜のサラダ

↓作り方は p.93

豆

豆の中でも、戻す必要がなくゆで時間が短いレンズ豆や、加熱加工済みのパックのものを使うと、気軽に豆料理を楽しむことができます。こちらもたんぱく質が不足しがちなときに、副菜として取り入れるとよいでしょう。

ひよこ豆のカレー炒め

↓作り方は p.93

納豆そぼろ

材料入れてレンジにかけるだけ！
ごはんにのせて食べても、のりで巻いておつまみにしても。
常備菜としてあるとうれしい一品。

材料（作りやすい分量）

A
- ひきわり納豆……1パック
- 鶏ももひき肉……150g
- しょうゆ……大さじ1
- 砂糖……大さじ1/2

細ねぎ（小口切り）……1本

1 耐熱ボウルに**A**の材料を入れて混ぜ、ラップをかけずに電子レンジ（600W）で4分加熱する。スプーンなどでほぐしながら混ぜ、再度1分加熱する。

2 器に盛り、細ねぎをのせる。

納豆のごま油白和え

大豆＋大豆の組み合わせですが、
ザーサイとごま油で中華風にすることで、
和風の白和えとはまったく別ものになります。
困ったときの「もう一品」に。

材料（2人分）

納豆……1パック
絹ごし豆腐……150g
ザーサイ（味つけ）……20g
塩……小さじ1/4
ごま油……小さじ1/2

作り方

豆腐はしっかり水きりをする。ボウルに入れてゴムべらなどでなめらかになるまでよく混ぜ、その他の材料を加えてよく混ぜる。

レンズ豆と小松菜のサラダ

水戻しは不要、短時間でゆでられるのはレンズ豆だけ。皮付き、皮なしがありますが、皮付きはゆでてもプチプチした食感で、サラダのアクセントにぴったりです。

材料（2人分）

レンズ豆（皮付き・乾燥）……50g（ゆでたものなら80g）
小松菜……1束（200g）
塩……適量
バルサミコ酢……大さじ1
オリーブオイル……大さじ1と1/2
粗びき黒こしょう……適量

1 鍋に水と塩を入れ、1%の塩水を作る。中火にかけ、沸騰したらレンズ豆を入れ、やわらかくなるまで20分ほどゆでる（豆が湯から出たら足す）。

2 小松菜は6㎝長さに切る。フライパンに**1**と同様の塩水を作って中火にかけ、沸騰したら小松菜を入れてさっとゆで、ざるに上げる。

3 器に水気をきった小松菜、ゆでたレンズ豆を盛り合わせる。バルサミコ酢、オリーブオイルを回しかけ、黒こしょうをふり、味が足りないようなら塩をふる。

ひよこ豆のカレー炒め

カレー味のスナック菓子みたい。これはもう、ビールがほしくなる味。水気を飛ばして、カリッと炒めたところにスパイスをまとわせます。

材料（作りやすい分量）

ひよこ豆（ゆでたもの）……200g

A
にんにく（すりおろす）……1かけ
塩……ひとつまみ
砂糖……ひとつまみ
カレー粉……小さじ1/2

サラダ油……小さじ1

1 フライパンにひよこ豆を入れて、水気を飛ばしながら中火で炒める。

2 **1**の水気がなくなったらサラダ油を加えて蓋をする。ぱちぱちという音がおさまったら**A**を順に加え、にんにくの刺激臭がなくなるまで炒める。

海藻

海藻にはたんぱく質が
含まれているほか、
ミネラルや食物繊維もたっぷり。
副菜で海藻をプラスすると、
より健康的な献立になります。
さっぱりした料理がほしいときに。

もずくラー油

もはやレシピともいえないほど簡単なのですが、ラー油と粉山椒をかけるだけで、いつものもずくが中華風になり、とにかく新鮮な味わいです。

材料（1人分）

味つけもずく（三杯酢）……1パック
ラー油……適量
粉山椒……適量

作り方

もずくを器に盛り、ラー油をひと回しし、粉山椒をかける。

アボカドとわかめのナムル

ビタミンEやミネラルが一度に取れるボウルひとつでできる副菜。意外なほどおいしいです！
わかめは、ゆでた状態でパック詰めされた生食用のものが使いやすいですよ。

材料（2人分）

アボカド……1個
わかめ（生食用）……30g
細ねぎ……1本
しょうゆ……小さじ2
ごま油……小さじ2

1 アボカドは2㎝角に切る。わかめはざく切りにする。細ねぎは小口切りにする。

2 ボウルに**1**を入れ、しょうゆ、ごま油を加えて混ぜる。

今井真実（いまい・まみ）

兵庫県神戸市出身、東京都在住。note に綴るレシピやエッセイ、Xでの発信が幅広い層の支持を集め、雑誌、web、企業広告など、多岐にわたる媒体でレシピ制作、執筆を行う。身近な食材を使い、意外な組み合わせで作る個性的な料理は「知っているのに知らない味」「何度も作りたくなる」「料理が楽しくなる」と定評を得ている。『フライパンファンタジア　毎日がちょっと変わる60のレシピ』（家の光協会）ほか著書多数。

note　https://note.com/imaimami
X　@mamiimai_gohan

デザイン	渡部浩美
撮影	今井裕治
スタイリング	来住昌美
調理補助	野島二郎（野島商店）、横田睦美
校正	安久都淳子
DTP制作	天龍社
編集	広谷綾子

だいじょうぶレシピ
料理はこれだけ覚えておけばいい

2025年3月20日　第1刷発行

著者　今井真実
発行者　木下春雄
発行所　一般社団法人 家の光協会
〒162-8448　東京都新宿区市谷船河原町11
電話　03-3266-9029（販売）
03-3266-9028（編集）
振替 00150-1-4724
印刷　株式会社東京印書館
製本　家の光製本梱包株式会社

ISBN978-4-259-56832-0 C0077